财务BP

500强高管的实践之道

冯月思——著

中国铁道出版社有限公司
CHINA RAILWAY PUBLISHING HOUSE CO., LTD.

图书在版编目 (CIP) 数据

财务 BP : 500 强高管的实践之道 / 冯月思著 . — 北京 : 中国铁道出版社有限公司 , 2021.11（2024.6 重印）

ISBN 978-7-113-28402-2

Ⅰ. ①财… Ⅱ. ①冯… Ⅲ. ①财务管理 – 研究 Ⅳ. ① F275

中国版本图书馆 CIP 数据核字（2021）第 189684 号

书　　名：财务 BP：500 强高管的实践之道
CAIWU BP: 500 QIANG GAOGUAN DE SHIJIAN ZHI DAO

作　　者：冯月思

责任编辑：王　佩　张文静　　编辑部电话：（010）51873022　　邮箱：505733396@qq.com

封面设计：宿　萌

责任校对：苗　丹

责任印制：赵星辰

出版发行：中国铁道出版社有限公司（100054，北京市西城区右安门西街 8 号）

印　　刷：北京铭成印刷有限公司

版　　次：2021 年 11 月第 1 版　2024 年 6 月第 11 次印刷

开　　本：710 mm × 1 000 mm　1/16　插页：1　印张：15.25　字数：192 千

书　　号：ISBN 978-7-113-28402-2

定　　价：59.80 元

主创团队

作　者

冯月思

联席作者

毕　瑶　何　苗　金晓晨

（按姓氏笔画排序）

特别鸣谢

王文洁　刘　倩　王文静　王　佳　张晓芬　徐晶玲　张旺云

张　羽　骆　倩　徐西瑞　潘思睿　杨　杰　杨卓异　陈雪婷

肖　丽　胡　双　佘家杰　吴佳楠　魏晓丽　孙　锐　陈　敏

滕　月　柏　林　胡　琦　陈轶慧　余惟洁等（悦财志愿者及编辑）

序

有一种说法，一个好的CFO（首席财务官）可以随时接任CEO（首席执行官）。

这里的CFO形象无疑与刻板中的财务人相去甚远。他必不会是一位小心谨慎，惜字如金，埋首于账簿之间的人。

那么，这样巨大的转变是如何发生的?

我想，任职财务BP（业务伙伴）岗位可能是许多财务人员开启职业转变，打开一扇新的大门的开始。从担任财务BP开始，他将在事业部总经理的背后，出谋划策，共同征战生意场。他们一起分析市场，分析对手，投资源，拿结果。他们与业务一起设计各种制度：奖金制度，定价策略，内控体系，用制度来激励团队、平衡风险。他们像一个生意的舵手，从三年、五年甚至更长的时间线来布局产品、布局业态，投资筹资。

冯月思女士，正是这样的财务BP中的佼佼者。

无论您是初入职场的新人，在主管会计/总账会计岗位上奋力拼搏的中坚力量，还是已经担任过财务分析或BP工作的职场精英，都能够从冯女士的经验中汲取知识。这对您的职业发展可能也是大有裨益的。

铂略财务培训，作为中国管理会计的倡导者之一，始终致力于培养具有中国特色的财务及商业领袖。冯女士是我们铂略财务实务课程教研的专家，我们也一直探讨如何能够让财务实务教育能够更加落地，在此过程中，冯女士的专业见解以及广博的跨界视野都给我们留下了非常深刻的印象。特别在本书创作过程中，冯女士将企业运营中的实例高度浓缩和典型化，从问题出发，将财务 BP 的工作内容讲得生动诙谐又富有借鉴意义。衷心希望本书能让更多的财务人认识财务 BP，了解财务 BP。铂略也将一如既往的，用自己的努力，为中国财务人，多做些实事。

铂略财务培训创始人兼 CEO

2021 年 9 月

前言

我的财务 BP 之路

2013 年，我在一家国际 500 强的医疗公司工作，担任财务共享中心的会计主管。有一天，我的老板对我说："月思，有一个财务 BP 的机会，你要不要去试一试？"

那时候，我不太清楚财务 BP 是做什么的。我的老板说，这是一个好机会，你可以去做更有意思的事情。不过根据公司规定，因为你没有任何财务分析的经验，内部转岗后，职级上你需要降级为高级分析员，薪资保持不变。

那时候我还年轻，心想我好不容易做到了会计主管，怎么能降级呢？加上我对财务 BP 本身并不了解，我婉言谢绝了老板的好意。

这是我第一次与财务 BP 擦肩而过。但是，从那以后，我开始对财务 BP 这个岗位产生了兴趣。这个岗位到底做什么工作？老板说是未来财务人的晋升路径，主要是从财务分析这条线通向财务总监（CFO），真的是这样吗？

慢慢地，我和公司的财务 BP 有了更多的沟通。当我真正了解了财务 BP 的工作之后，我发现，这个工作太有意思了，经常和业务部负责人打交道，可以参与许多的业务决策，和会计工作完全不一样。我追悔莫及，去找我的老板说："老板，我想转财务 BP。"

可惜，我的老板和我说："机会转瞬即逝，目前没有机会了。"然而，想做财务 BP 的念头，却在我的心里生根发芽。

我决定等待下一个机会，没想到这一等就是两年。那段时间，是我人生中很迷茫的一段日子，我不知道此生是否还有机会做财务 BP。

每天早上，我在去公司的路上，坚持听英语新闻。为了积累财务 BP 的经验，我主动请缨，在本职工作之外，担任共享中心财务分析项目的负责人；还带领团队花了一年多的时间，整合公司几大业务报表，完成共享中心报表分析团队的搭建工作。

我心中有一个 BP 梦，那梦于我，那么远，但我一直默默努力着。

2015 年，公司兼并收购了一家行业巨头，人员流动开始变大，各种项目也轰轰烈烈地开展起来，财务 BP 的机会，正一步步朝我走来。

有一天，我的老板对我说："新加坡的 CFO 在亚太寻找一位财务 BP，去新加坡工作，你要不要试一试？"我兴奋极了，去面试的时候，发现新加坡 CFO 是一位印度人，他的英文不容易听懂。还好这些年准备的英文，终于派上了用场。面试结束后，下午 4 点多，这位 CFO 发信息给我，让我在第二天上午前设计一份指定内容的分析报表给他。

他规定的分析内容，正好是这一年多我在报表项目中负责的部分内容，加上我和当地的财务 BP、会计经理都很熟悉，很快便要到了数据源。第二天，我把他要的分析报表发给了他。冥冥之中，这些年，我做的工作都没有白费。

4 个月后，新加坡老板通知我被录取了。这成为我财务人生的一个转折点。这位新加坡老板也成为我人生中一位重要的贵人。来到新加坡，我才发现这份工作远比我想象得更具挑战，也更有意思。

在新加坡，许多财务 BP 都是四十多岁，他们不仅有着丰富的财务履历，更有着丰富的业务经历。他们每天都和业务负责人一起开会，是业务中的二三把手，深度参与企业的战略与运营。

在这里，我遇到了财务 BP 路上最重要的一位导师：我的第一位事业部负责人。他是一位帅气的法国男士，在做业务负责人之前，也是财务 BP 出身。他对我说："月思，你不要把这个事业部的生意看成是我的，也不要把它看成是公司的，你就把它看成是你自己的。”跟他一起工作的日子，我常常一周工作 7 天，每天工作十几个小时。跟着他，学习他的报表分析思路、管理思路，和他一起琢磨不同的管理方式，成长飞快。

接下来的几年，我从一个财务人的工作中脱离出来，成为一个横跨财务和业务的管理者。我深爱管理，我享受那种陪伴业务负责人在生意场上赢得的成就感，以及成为人生挚友的喜悦。

2020 年 9 月 13 日，我创办了自媒体平台：悦财（公众号 ID：lovelovefinance）。在悦财的创刊号上，我写下了这样一段话：创建这个频道的初心，源于对人生使命的探寻。小说《夏洛的网》有一段经典名言：生命到底是什么啊？我们出生，我们活上一阵子，我们死去，一只蜘蛛，一生忙着捕捉和吃苍蝇是毫无意义的。通过帮助你，也许可以提升一点我生命的价值，谁都知道人活着该做一点有意义的事情。我想创建一个开放的平台，分享业务财务理论、实践、艰难时刻以及那些财务人的故事。

我从未想过，一个小小的自媒体，让我进入了更加广阔的天地之中。短短半年时间，悦财成长为中国财务 BP 领域的内容先锋，全网阅读量达 30 万。悦财的许多文章，曾被包括首席财务官、中国会计视野等国内 20 多家财务顶流媒体转载过。

通过悦财，我也联结了上千名财务 BP、CFO 以及创始人。通过与他们的交流，我深入广阔的中国财务 BP 群体，了解了他们的故事、辛酸与苦乐。

2021 年 3 月 3 日，悦财在全网首发了财务 BP 的电子书，也就是今天我们这本纸质书的前身。2021 年 5 月，铂略的朱滢瀛老师找到我，希望帮助我们出版财务 BP 的纸质书。我问朱老师，铂略为什么要做这样的项目？她说，铂略希望用自己的努力，为中国财务人做些实事。我很快答应朱老师尽快完成本书的编写。即使我本人能力有限，也有敢为天下先的担当，愿将财务 BP 的理论和实践加以汇总，和全国的财务同行探讨，共同推动中国业务财务事业的发展。

本书将围绕财务 BP 这一话题展开，具体来说主要关注两个话题：

是什么 + 怎么做

①财务 BP 是什么？关注定义和边界：如何定义 BP，如何定义 BP 的工作，如何定义 BP 与业务的关系，如何定义 BP 做得好与坏。

②财务 BP 怎么做？关注技巧、成长路径等话题：财务 BP 的每一项技能要如何做？财务 BP 的成长路径是怎样的？财务 BP 的组织是如何发展的，等等。

我想真诚地分享本书的写作原则，即非真实案例不用（当然，这里会有改写和缩编，也可能是多个案例的组合）。本书中我不仅选取了个人工作过程中的真实案例，也选取了我的朋友以及悦财群友的分享案例。希望能从更广阔的视角，分享基于实战总结的理论、最佳实践与人生故事。

在写书的过程中，首先我要感谢我的父亲。他常关心我的写作进度，并鼓励我将更多干货放入书中，在他老人家看来，著书立传乃人生之大事，马虎不得。

其次，我要感谢我的先生以及悦财的核心读者审稿团队。这本书，有他们的一半。大家常常一起讨论，每一章节的背后，无不是审稿团队的审阅，探讨；这本书中的许多案例，也来自审稿团队的伙伴们。你们，用无私的行动，成就了此书。

感谢铂略的老师们以及中国铁道出版社有限公司的编辑们，是你们的努力，让这本书与读者见面。

本书的宗旨是希望在读者读完这本书后，可以将这些内容运用到工作中。如果您能运用其中一个要点，对我们来说，已经足够。

谨以此书抛砖引玉，愿中国业务财务事业蓬勃发展；也愿读者有所收获，并对不足之处，多加包涵与指导。

关于我国财务人员财务 BP 实操落地的进一步阐述，请参考我的另一著作《业绩铁三角：预算、分析、激励》。

冯月思

2021 年 5 月于上海家中

微信：ruoshiqingtian777

目 录

第1章 财务 BP 的前世今生

1.1 从传统会计到价值创造

在财务发展的历史上，中国财务人，翻越了三座大山。

第一座，是核算山。

第二座，是资本山。

第三座，是管理山。

激荡四十年，会计核算从手工记账到共享中心，实现了质的飞跃

核算，是财务的天职。会计起源于记录、计量，慢慢发展到了复式记账法。中国财务人的第一项工作，是做好会计的核算工作。

记得我在读大学的时候，会计老师刘峰说，他们在二十世纪七八十年代读会计是件很没面子的事情。别的系去食堂，悄悄地，会计系一出来，哗啦啦，都是算盘的声音，大家都望着他们。那个年代还没有计算机，是手工记账时期。而如今，无人财务室，RPA（机器人流程自动化）等的应用，已经让财务核算工作，进入到崭新的数字化时代。

过去四十年，我国财务核算完成了两次重大的历史跨越，历经三个阶段。

> 第一次跨越，是从手工簿记到电子化以及信息系统的转变，企业的生产运营效率有了显著提高。

> 第二次跨越，是在完成信息系统集成之后，财务组织模块进行了大改组：从本地记账到异地记账统筹管理，建立共享中心，人员的地域结构发生了重大变化（比如，由过去分公司各需要 20 个会计，变成总部共享中心 30 个会计，分公司各 5 个会计），财务部实现了大瘦身的同时，还提高了运营效率。

我国会计核算经历的三个阶段分别是：

1.传统会计	2.电算化	3.共享中心
· 1980年以前 · 手工记账 · 财务功能以支付、核算、簿记、成本管控为主，兼顾部分内控功能	· 1990年后 · 随着计算机硬件、软件的发展，出现了会计电算化以及集合的会计信息系统（如SAP、Oracle、用友、金蝶等），整合财务、生产、供应链、销售管理等众多模块，大大提高了生产效率以及内控管理的效果	· 2010年开始在ERP系统集合之后，开始分离传统会计业务中重复性较高的核算业务（应收、应付、总账、报表等）为单独的共享中心。远程异地操作，达到降本增效、提高管控的目的

我国会计核算经历了三个阶段

不难发现，这三个阶段彼此紧密相连：科技的发展催生了电算化；信息系统的运营，将远程支持变为可能；摆脱了传统核算业务的财务人又瞄准了新的战略高地，向资本化迈进。

资本运作，让财务工作大放异彩

翻过第一座山的中国财务人，从会计核算的工作中走出来，接下来他们要爬一座更高的山峰：资本山。为什么第二座山是资本山呢？这是由企业的发展所决定的。

企业发展的早期，最需要的就是资金。当今社会，是一个快鱼吃慢鱼的时代。我们常常可以看到某些走在行业头部的公司，因为出现了资金雄厚的对手而落败退市。无论是从天使轮到 D 轮的融资，还是多地上市，上市后增发，企业早期的发展命脉与资金紧密相连。正是在资本的扶持下，企业一步一步从小树苗变为参天大树。

在资本运作这条路上，公司最需要的就是财务。

新东方的创始人俞敏洪，在他的著作《我曾走在崩溃的边缘》中，分享了新东方早期的财务发展之路。

俞敏洪说，在 1990 年成立到 2006 年上市之前，新东方的财务处于较为基础的会计核算阶段。

直到新东方真正准备上市，他才发现，新东方需要一位懂资本运作的 CFO。他请来了曾在香港证券界工作了七八年的谢东萤。谢东萤当时的要价是新东方股份的 1.5%，这可不是一个小数目。

然而俞敏洪一直说，他请谢东萤请得值，要请就请最好的！谢东萤帮助他，重组了董事会，做好了美股上市的各项准备，陪伴他在全球路演，分享新东方的财务数据，甚至在上市的前一天晚上，还在一起讨论最后的股票定价。

从企业家的角度来说，资本运作大大提高了企业和管理团队的身价，而在上市和资本运作的过程中，财务的角色举足轻重。

如今，我在走访一些百亿、千亿市值的民企的过程中，和他们的 CFO 交流，大家最为自豪的是现在的财务团队在资本运作、报表呈现、董秘等工作中为企业带来的价值。的确，这是财务人的高光时刻。

1.2 中国财务，已进入财务 BP 的时代

来到管理山的脚下，我们爬不爬

翻过第二座山的中国财务人，从资本运作的路上走来，兼具上市合规、市值管理等工作。然而，这并不是故事的结局，却是一段新历程的开始。

公司上市，资本充盈，合伙人在实现财务自由之后，公司走向了和对手拼效率，拼管理的新时代。企业要不断提高公司效率，提高客户体验，在激烈的市场竞争中形成独特的竞争优势，并在不断变化的市场环境中，走出一条属于自己的路。这并非锦上添花，而是拼死一搏。

有一次，一位 A 股上市集团的 CFO 和我分享：公司现在有几个子公司上市，市值很高。然而，他们的业务模式仍在艰难探索，利润率也基本为 0。现在公司必须要走精益化管理之路，走财务 BP 之路，否则他们终将被市场淘汰。

我们本以为，越过资本运作这座高峰，第三座大山，平平无奇。然而今天，许多中国企业，仍在这座山的脚下或者半山腰，探索数年，并未找到真正的登山之路。许多人不禁迷茫起来：财务 BP 这座管理山，我们到底要不要爬？甚至，我们有没有能力爬？抑或，我们需要多少年，才能爬上去？

财务 BP 的探索之路，远比我们想得要慢、要难

第一座，核算山，这是我们财务人最熟悉的工作，职责所在，信手拈来。在这座山上的财务同事，更像一个财务人。

第二座，资本山，这些同事往往有着优秀的教育和工作背景，有的人是投行出身，有的人是会计师事务所出身，业内俗称种子选手。这些 CFO，更像投行人。

第三座，管理山，这些财务 BP 要做的工作，是提高企业收入、利润、平衡企业风险。这个工作所需的人数，远比资本运作的人多得多，甚至未来会占据财务部的半壁江山。而他们的工作，更像一个生意人，或者说业务人。

这是一个跨学科、跨领域的管理工作。这份工作，无论是对财务人还是投行人来说，都并不熟悉，这无疑加大了我们探索的难度。未来这一领域的从业者会有多种背景：有的来自财务，有的来自业务，有的可能来自 IT。

在我国，财务 BP 的概念还处在导入期，大家最关心的话题是：财务 BP 是什么，财务 BP 应该做什么，财务 BP 可以怎么做，等等。大家此刻仍对财务 BP 这一新生事物混沌不清，又无比好奇。这也正是我写作本书的目的：在这个财务 BP 混沌的年代，分享业内的最佳实践，共同探索属于中国财务人的 BP 之路！

第2章 财务 BP 基础

2.1 定义：什么是财务 BP

财务 BP 是财务业务伙伴（finance business partner）的简称；其工作内容不以传统的财务核算为中心，而是以增加企业价值为核心的工作。

财务 BP 与业务部门紧密合作，对业务部门提供有针对性的决策支持。财务 BP 既要懂财务，又要懂业务。

首先，财务 BP 是一类财务人的简称。其工作的主要目的就是增加企业价值。通常来说，财务人增加企业价值的方向主要有以下三个方面：

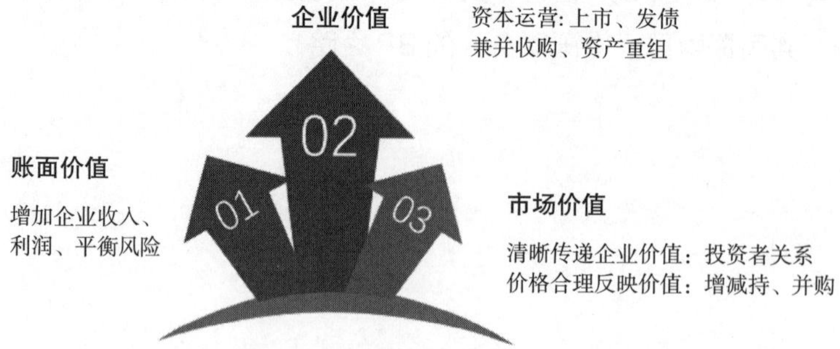

价值创造三大方向

其一：账面价值：增加企业的收入、利润、平衡风险。财务人通过深度参与业务决策，综合运用预算、分析、业绩管理、利润管理等手段，从产业角度，提升企业价值。

其二：企业价值：资本运营，提升企业内在价值。财务人通过企业上市、发行债券；收购兼并、风险投资；资产重组，资本债务结构改善等方式，从产融结合角度，提升企业价值。

第三：市场管理，提升企业市场价值与价格。财务人有效维护公司市值，合理反映公司价值，提高资本市场对企业的认可度。一方面通过投资者关系管理、媒体管理等综合手段，将企业价值清晰地传递给资本市场，同时在资本市场高估或低估企业价值时，综合运用并购、融资、增减持等手段使市场价格合理反映公司价值。

其次：财务 BP 描述了财务与业务之间的关系、合作模式甚至是一种财务人的思维方式。财务 BP 让财务人找到了在组织中的定位：作为业务的伙伴。这种新的思维方式让财务人从传统核算角色中走出来，与业务人手牵手，双剑合璧打天下，并成为管理团队中的重要一员。

下图中，我们汇总了财务 BP 的主要类别、沟通对象、服务职能与所需技能。

财务 BP 的主要类别、沟通对象、服务职能与所需技能

不同阶段、不同性质的公司对财务 BP 的工作内容需求并不相同。通过对公司董事长和 CFO 的一对一采访，我记录了不同阶段、不同企业目前真实的财务 BP 岗位需求：

案例一：某 500 强大外企，对财务 BP 的工作需求主要集中在：

◆ 通过综合手段，提高销售组织的收入、利润；

◆ 对投资决策，进行有效支持；

◆ 在组织内部有效传递信息；

◆ 保证组织合规及风险可控等。

从这一案例可以看到，这家外企对财务 BP 的工作需求，主要集中在提高企业收入、利润平衡风险方面；沟通对象是对内的；职能方向主要集中在销售组织中。

案例二：某 B 轮民企，对财务 BP 的工作需求主要集中在：

◆ 0-1 搭建预算、分析等体系，提高企业决策的科学性；

◆ 对公司的商业模式、投资方向进行财务建模，使投资决策更科学合理；

◆ 有效规划并建议公司的投融资、上市方案，保证公司产融结合均衡发展；

◆ 从市值管理角度，提出合理的财务建议，清晰传递公司中长期价值，有效吸引投资。

从这一案例可以看到，这家 B 轮民企对财务 BP 的工作需求集中在业务财务的 0-1 搭建，提高决策的透明度，同时对资本运营和市值管理（市值管理并不是仅针对上市公司的，对有资方参与的，尤其是大资方参与的公司也相当重要）提出合理建议。这家企业财务 BP 的沟通对象同时包含内部管理者及外部资方。

案例三：某刚上市的中型民企，对财务 BP 的工作需求主要集中在：有效支持公司研发、生产、海外生产等管理会计、财务分析工作；

◆ 为公司产品上市项目做专项的业务财务支持，保证产品上市投资合理，收入最大化；

◆ 加强公司财务规划、财务建模的水平，提高与资方沟通的精度，提高资本市场对公司的认可度。

从这一案例可以看到，这家刚上市的中型民企，对财务 BP 的工作需求，在职能上有较大的跨越。从研发，逐渐扩展到生产，甚至是海外生产，并且可以支持公司产品上市。横跨了研产销三大职能范围。另外，从工作内容上看，提高企业收入利润和市值管理并重。沟通对象也是同时包含内部管理者及外部投资者关系。

虽然，从工作职责上、沟通对象上、管理的职能上不同阶段的公司对财务 BP 的需求有较大的不同，但是他们有一个共通之处，就是服务业务，提供决策支持，增加企业价值。

也就是说，业务的重心在哪里，业务的痛点在哪里，公司的增值点在哪里，财务人就在哪里。财务人的工作，是瞬息万变的，也是万变不离其宗的。这个宗，就是业务的需求。财务从传统的后台账务支持角色，走到前台来，和业务一起面对生意的挑战、投资人的审视以及市场的检验。

在本书中，我们将着重分享财务 BP 提高企业收入、利润平衡风险这一职能，深度剖析达成这一目标的工具、方法与最佳实践。

2.2　工作：财务 BP 木棍先生典型的一天

许多人觉得财务 BP 的工作非常神秘，说不清，道不明，其实不然。我的前同事木棍先生，一位资深的财务 BP，有 14 年工作经验，走过 4 个国家，13 个事业部。他非常喜欢财务 BP 的工作，他认为这份工作每天都有新的挑战和乐趣，与人打交道，与数字打交道，他享受挑战的过程。

下面是木棍先生的一天，让我们一起走进一个财务 BP 的工作与生活，揭开财务 BP 神秘的面纱。

大家好！我来自伦敦附近的“小山村”，因为名字中有个“木”字，所以大家都亲切地称呼我为木棍先生。下面就是我一天的工作。

8:30 上班

骑上我心爱的自行车（有时也是踏板车），我就快乐地飞驰啦！

9:00 第一杯咖啡

没有咖啡的人生，是不完整的。

9:00～10:00 查看邮件

我每天会收到很多邮件：审批、询问、报告、八卦……和别人不同的是我的已读收件箱只有一个，可以快速归档。做财务 BP 最重要的技能是处变不惊，尤其是看到销量报告的时候，哈哈。

“又来了……”

促销审批：100 万元的特殊折扣请您务必审批。

“欢迎”

公告：来往先生今日加入本司。

“……”

询问：请问我的销售奖金何时发放？

“这种邮件从未给我惊吓”

报告：昨日销量汇总。

还有 58 封邮件未读……

10:00 第二杯咖啡

加糖吗？加点吧，生活要有滋味。

10:00～11:00 销售预测会

主持人：事业部负责人

与会者：各销售负责人，市场部负责人，财务 BP

双周一次的销售预测会，大家都严阵以待，每一次都好像大考。

销售会分享截止到季度底关账的情况，确保成功关账（即指标达成）。真实的现状有时候让人揪心，但早发现早解决才是王道。我的工作集中在了解最新销售情况、汇总区域数字、深挖问题进行分析，与业务一同讨论解决方案等。

会议中：

销售甲：A 产品预计本季度会有缺口 200 万元，主要是某客户临时取消订单。

事业部负责人：明白，你自己能补多少？

销售甲：B 产品销量不错，我尽量补 120 万元，缺口 80 万元。

事业部负责人：乙能补多少？

销售乙：一阵沉默……

11:00　第三杯咖啡

这销量还有缺口……

让我静静……

没有咖啡的人生，是不完整的！

11:00～12:00　会计讨论会

主持人：木棍先生

与会者：共享中心会计、共享中心会计经理、某国家会计、某国际税务经理

作为财务，对接业务的真实需求和财务内部的落地实施绝对是技术活。尤其是对我这种没有会计从业经验的人来说。另外，我们公司的会计也特别复杂，共享中心的人像一台做账机器，各国会计常常爱莫能助。我不仅要做项目经理居中协调，也要把握准则红线。我最羡

慕的就是那些做过会计的财务 BP，每次开会他们都能轻易搞定会计是件很酷的事儿。

会议讨论：

我： 我们目前马上要上一个划时代的新产品，关于定价后的税务和系统入账还要请大家多多帮忙（卑微如我）。

税务经理：（此处省略五千字）目前的三种业务方案税务影响不同。

共享会计经理： 成本费用入账方面，新产品还需要建货号，另外最终业务方案还请木棍先生尽快告知，因为不同方案对收入确认影响不同，我们需要 15 天的准备时间……

12:00～13:00　午餐：我不一个人吃

我与供应链经理到货先生一起吃午餐（大约每两周我都会和到货先生一起吃午餐）。

我并不喜欢交际应酬。但我不得不说，财务 BP 的一部分工作就是组织的润滑剂。我每周会和业务的人，财务的人，其他支持部门的人一起吃饭。我们很少在吃饭中谈公事，但是会很熟悉。我和到货先生常常通个电话就把问题解决了，这个感觉不错。我这个人在工作中，最怕的是事儿对事儿：两个人坐下，谈完，起身，走人，这样的公司给我一种大限将至的感觉。人聚心聚自然财聚，财聚我就开心，谁叫我是“财神”呢，哈哈。

我： 新品的货怎么样了？

到货先生： 还差得远呢，大家都知道来不及，就总经理自己不知道而已。

我：哈哈！你女儿的拼写考试怎么样了？

到货先生：这个老师还真不赖，她这次一分钟写了 62 个词呢！

13:00　第四杯咖啡

好困，还有半天……

13:00～14:00　查看 Email

为了不让邮件越积越多，我会尽快查收，毕竟财务 BP 要的就是一个“快”字。曾经有个事业部总经理问我有没有和“性急”的总经理合作过？我大笑说：哈哈，我还没合作过一个不“性急”的事业部总经理！

“甲来得挺快呀……”

重要：本季度销量缺口 80 万元，请老板审阅。

“全力以赴……”

汇报：本季度销量可达预算，全力以赴确保达成。

“赶紧回掉他”

询问：请问我的销售奖金何时发放跟进。

“我的税法书呢？天啊！”

会议纪要：新产品的税务建议方案。

还有 35 封邮件未读……

14:00　第五杯咖啡

接下来什么会来着？

下午的咖啡还要不要加糖呢？

14:00～16:00　五年战略启动会

主持人：事业部负责人。

与会者：销售负责人、市场部负责人、财务 BP、战略市场经理、政府事务负责人、运营负责人等。

我们公司的预算分为三种：年度预算、滚动预算和五年战略预算。其中五年战略预算的启动会我们并不是以市场分析开头，而是从政策、中长期赛道讨论开始。我特别喜欢这个环节，我们会讨论业态变化、市场对产品的需求变化、政策可能的走向，等等。另外我们还会讨论每年的市场模型怎么做。要知道向咨询公司买数据的预算，我可不是年年都有的……

会议议程：

1. 事业部负责人开场；
2. 财务分享五年计划；
3. 政府事务负责人分享市场宏观预测及国家政策走向；
4. 市场负责人分享今年市场模型的准备并讨论是否外购数据；
5. 事业部负责人总结；
6. 财务总结会议纪要及下一阶段各团队分工；

………

16:00　第六杯咖啡

今天的五年战略会开个好头！

16:00～17:00　起草邮件

忙活了一整天，我还没真正干活儿。撸起袖子加油干啊！

今日销量分析会销量汇总：总差异 80 万元

五年战略计划 PPT 模板请查收

战略分析会议纪要及 PPT 提交时点（重要）

……

写不下去了，等下找事业部总经理聊聊……

17:00　第七杯咖啡

快要下班了，好累啊……

咖啡救我……

17:00～17:30　开会

与会者：我与事业部总经理奋斗先生。

我经常会和事业部总经理关上门一起分析讨论。我们把收集到的信息汇总、分析，谈谈彼此的看法。有些事情，他不方便出面，就会让我去处理。我们彼此配合，信任在多年的共事中一点点加深。有时候，奋斗先生会请几个同事带上自己的家人一起去他家的别墅烧烤，孩子们都是朋友了。大家从彼此的角度支持他，让我们的合作越来越顺利。

会议中：

我：奋斗，数字汇总好了，本季度销量总差异 80 万元。

奋斗：木棍儿你怎么看？

我：乙口袋里还有 80 万元，甲应该可以再做 20 万元，丙感觉还有风险。

奋斗：这样吧，让甲再做 40 万元，乙帮忙 40 万元，丙先让他自己撑着，你去发邮件吧……

17:30～18:00　开会

与会者：木棍先生与他的财务老板可乐先生。

常常有人问我的汇报线是怎么样的？我的汇报线全部是财务：直线汇报给公司负责中国区的 CFO，虚线汇报给欧洲事业区的业务财务负责人。我的直线老板负责我的生活，虚线老板负责我的工作。有些公司的财务 BP 会向事业部总经理虚线汇报，不过我们公司这么多年来都没有这样的制度。

我会把最新的销量数字及时向老板汇报，保证他可以在业务盘子中平衡风险。我老板是个强硬的家伙，每个季度末，无论业务经理如何恳请他多放一点客户信贷来完成指标，他都坚决驳回。说实话，我挺佩服他的勇气。

会议中：

我：老板，今天有件事情要和您汇报一下，现在销量收上来还差 80 万元，估计这个月做到销售预测问题不大。

可乐：谁那里有缺口？

我：甲的 A 产品。

可乐：你跟进一下 A 产品的市场投资计划，明天我们再一起看一下……

18:00　第八杯咖啡

老婆不让我晚上喝咖啡，那我喝完回家！！

啦啦啦……下班啦！！！

木棍先生一天的工作结束了，接下来让我们一起来总结看看。

工作伙伴

木棍先生一天总共见了 16 个人，其中：事业部负责人 3 次，销售、市场负责人 2 次，CFO、会计、供应链负责人、政府事务负责人等 1 次。

木棍先生一天的工作伙伴

时间安排

开会：5 小时（共 5 个会）。

查看邮件：2 小时。

写报告：1 小时。

吃午餐：1 小时。

邮件：阅读邮件 98 封，发出邮件 43 封。

喝咖啡：时间未统计……

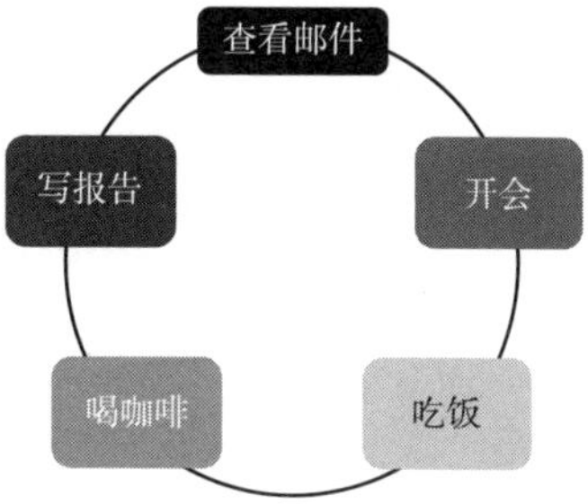

木棍先生一天的工作内容

木棍感悟：我爱 BP

木棍先生：我觉得财务 BP 的工作是整个公司里最有意思的工作之一。做财务 BP 十四年，我觉得自己不仅是个财务人，也是一个生意人。

业务部总经理的背后，我为他出谋划策，共同征战生意场：我们一起分析市场，分析对手，从投资源拿结果。我与业务部一起设计各种制度：奖金制度、定价策略、内控体系，用制度来激励团队、平衡风险。我像一个生意的舵手，从三年、五年甚至更长的时间线来布局产品、布局业态、投资、筹资。

我很享受这种用数字做生意的方式，这份工作也成了我快乐的源泉。

木棍先生是个乐天派，人也非常有趣。在我认识的财务 BP 中，他是那种举重若轻的人，常常把复杂的事情简单化，工作和生活都平衡得非常好。

2.3 探索：从报表小哥到财务 BP 的蜕变之路

并不是每一位财务 BP 的工作，都如木棍先生这样如鱼得水。许多伙伴，仍在艰难探索之中。我的咨询客户孙正刚，就是这样一位伙伴，他的经历让许多同行深感共鸣。让我们一起看看他在 BP 之路上的艰难探索。

财务 BP 的我，到底应该做什么

我是孙正刚，在一家颇具规模的民企，是一名财务 BP，负责二十多亿元的生意。两年前财务部改制成“三驾马车”形式，开始做业务财务转型。我因为有多年会计及财务分析的工作经验，被选派为公司第一批的财务 BP。公司 CEO 和 CFO 对我们的职能非常重视，要求我们与业务并肩战斗，能说清数字背后的原因。然而两年多来，业务线对我们的需要仅仅是提供销售报表和数据，更深层次的业务数据和问题分析，业务都是自己来。

这份工作深深地困扰着我，我是谁？我该做什么？我该去哪儿？午夜梦回，我徘徊在灵魂拷问之间，无法自拔。通过悦财平台，我找到月思进行咨询。我们前后聊了两次，总共两个半小时。咨询之后，我对企业的业务财务转型起步有了更深刻的思考。在此，我把目前的收获整理下来，与更多同行们分享并探讨。

过去两年的业务财务转型实践过程中，我们做了很多努力，但收获有限。我认为公司目前的问题主要有以下四点。

◆ 财务 BP 游离于业务之外。目前更多工作是进行业务数据处理及呈现，但却对产品、市场情况、客户需要知之甚少，思考还是停留在财务层面。

◆ 财务 BP 站在业务对立面工作。目前财务 BP 工作的出发点在偏差解读和问题询问，不自觉地站在了业务的对立面，增加了沟通的难度，效果不佳。

◆ 财务 BP 缺乏审批权。财务不参与业务监控，不对价格、合同、预算进行审核，缺少业务交流的路径支撑。

◆ 财务 BP 的大量时间耗费在准备报表上。

成为财务 BP 的第一步是思维转型

和月思在悦财群里的第一次对话让我印象深刻。我当时的问题是如何在组织中进行有效的流程设置以保证财务 BP 对业务的参与与监管。但是，月思并未对此做任何回答，反而围绕着业务客户和痛点反复发问。

月思问我的第一个问题是：仅仅从业务负责人的角度，他们目前最关心的问题是什么？最头痛的问题是什么？他们对财务有哪些明确的需求？

接下来她请我填写一份客户问卷，问卷内容是关于业务负责人的 66 个问题，都是关于他个人的画像和习惯的，可以帮助我们从多个角度了解并分析客户。

在悦财群里她对我说了一句话，很有意思：您就把自己当作一个销售，把业务负责人当作客户，然后想想自己能卖点什么。

当作一个销售？作为财务的我要冲出去卖产品？听到这个想法的那一刻，仿佛一股很大的力冲击到我。我感受到我们之间最大的不同是思维不同。我停留在财务思维上，而 BP 需要的是服务思维。要做好 BP 的第一步，是摆正自己在组织中的位置，即为业务提供有效的建议，并且助力执行。与此同时，做好财务的监督职能。而服务思维的背后，最重要的是信任问题。

在我们的沟通中，她反复谈及如何取得业务的信任。我理解，业务财务的工作，需要让业务人员认识到你是与业务在一起的，是来为业务发展共同努力的，而不是他的对立面。我们要做的是：真正理解业务运作，并能预判结果，提出对策，成为业务人员真正的伙伴！

成为财务 BP，业务敏锐度是关键

第二次和月思的电话沟通，我们花了大量的时间讨论业务敏锐度的问题。她说财务 BP 要像业务人一样懂业务，理解业务。而在这方面，我一直是有顾虑的。如果我们花如此多的时间去深入了解业务，能保证我们的业务财务工作做得更好吗？她坚定地说：这条路，你必须要试。

她问了我一些问题，让我一一回答：

◆ 我们的产品是什么，我能像销售人员一样自信介绍产品吗？

◆ 市场规模有多大？竞争对手和市占率如何？我们的增长策略是什么？

◆ 我们未来的目标是什么？未来 5 年如果我是业务负责人，我要如何布局发力？

◆ 我们的团队有多大，业务团队里的同事，我有多少人的微信？

我一边回答，一边记录，那一刻我明白我一定要去真正了解业务。只有搭建业务知识拼图和业务画像，才能与业务人员平等对话，才能提供有价值的财务建议。只有这样，业务人员才能对财务 BP 形成需求和依赖。BP 工作考验个人“单兵作战”的能力，我们不仅要带着财务的枪，也要扛上业务这把枪，冲出去和业务人员并肩作战。

财务 BP 要从报表中解放出来

一天夜里，悦财群里我们几个同行一起讨论业务财务转型中的困境。大家的分享中最能引起共鸣的一个观点就是：转型中，我们先学其他人，买了一台车。买回来之后，发现两个问题：第一，自己不会开车。第二，自己的车只有一个架子，其实底座和人家还是不一样的。自己不会开车，是因为我们不知道如何真正实施业务财务模块。而底座不同，是因为会计、共享团队没有跟上。

群里有伙伴分享自己公司先是做了业务财务，发现业务的数据无法提供，又倒逼升级了财务共享中心。几年来，就“折腾”数据了，到现在还没有完成。这看起来虽然有些本末倒置，但却在真实世界里反复发生着。

我认为，在业务财务转型过程中，理顺财务账务流和数据流，做好平台支撑特别关键：让 BP 能轻装上阵。一方面，我们需要专业的会计、系统团队，做好应对业务变化的数据、流程支撑工作。另一方面，我们需要将统一的、快捷的报表交给财务 BP 团队去和业务共同分析，前线作战。业务财务人，不应该是一个报表的输出者，更应该是一个报表的使用者。

转型要有制度保障

在和月思电话沟通的最后，我们讨论到财务部的制度保障问题。目前，我基本没有审批权，这也导致我们在和业务合作过程中，缺乏彼此沟通的“砝码”。

悦财群的伙伴建议我要构建组织保障，参与预算、价格、合同的审核。这些都是财务了解业务的有效手段，这些“强制措施”既搭建了财务与业务对话的平台，又能将所有与财务相关的经济活动进行展示，还能进行业财碰撞而得到财务建议。

其实财务的职能中监控和服务是分不开的，财务 BP 也只能提供既定监控下的服务，监控是近距离了解业务的一张门票，这张门票的获得需要不断地让公司管理层认识到财务的内控体系是公司长期稳定发展的基石，成为管理层的需要。而在实际中还要实现业务灵活机动与财务风险可控之间的平衡。

BP 路上的艰难，相信每个人都会遇到。但就像月思说的，这也正是这个职位的魅力所在。有时候，我们缺乏的，是实操的过程：这就好像看别人开车，和自己真正学开车，这其中肯定是不同的。但是，如果没有买回一部车，那我们就永远不可能探索车是怎么开的，而仍旧在步行的阶段打转。

感谢孙正刚的分享，确实，财务 BP 的探索之路路阻且长。还有许多现实的问题，摆在我们面前。比如，大家提问最多的就是财务 BP 到底做哪些工作呢？

在近距离地了解了木棍先生和孙正刚的工作之后，我梳理了一下财务 BP 的工作内容。

2.4 厘清：财务 BP 的工作内容

在不同行业，不同组织中，财务 BP 的工作有所不同。

总的来说，财务 BP 的工作主要分为：财务管理、业务管理、教练与军师等部分。

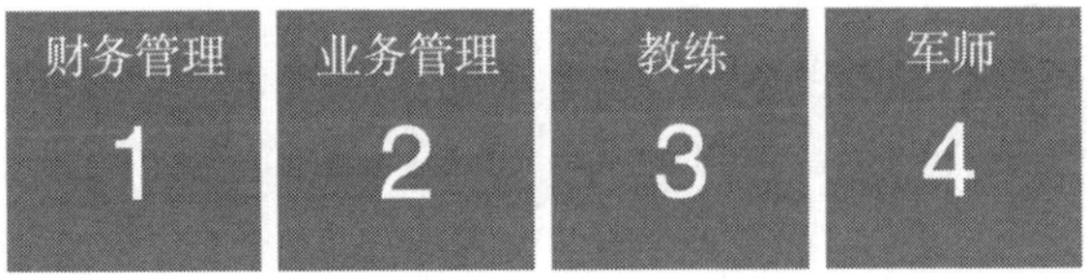

财务 BP 的四大工作内容

以木棍先生为例，他与会计同事一起开新品会、讨论会，这就是财务管理的工作。木棍先生参与了销售预测会、战略会，这些都是业务管理的工作。

木棍先生和他的业务负责人奋斗先生一对一地商量，讨论每个团队目前的数字情况，他基于事实层面的分析，给奋斗先生提供了另一个视角的建议，这就是军师。

那教练是什么意思呢？在企业中，真正的 CFO，是 CEO。因为他们最终把握企业的战略，投融资以及管理的具体事务。他们对业务财务的认知水平，对管理的能力和意愿，是关键。他们决定了财务 BP，能否以及能在多大程度上发挥作用。

因此，作为财务 BP 的首要工作是帮助业务，以及业务负责人提高他们的管理水平和管理意愿。如果他们都会通过数字看生意，那就形成了人人都是财务 BP 的新境界，我们也会更深更广地参与到企业的管理当中。

这就需要我们做业务同事的教练，手把手地辅导，反复地强调业务财务的作用。例如，公司的花费一直居高不下，导致利润变薄，CEO 非常着急。这个时候，我们要提出有效降本的管理手段，说明公司上下如何配合，分析会带来哪些有利与不利的影响，CEO 就会更加有针对性地展开降本管理。这就是教练的工作。

财务 BP 的四大工作中，财务管理是重中之重。在财务管理方面，一般可分为业绩管理、利润管理、筹投资管理与风险管理等工作内容。

财务管理的四大工作内容

什么是业绩管理

业绩管理是通过系统的管理手段，提升企业收入的过程。它串联了战略、产品、组织、KPI、分析等多个环节。财务 BP 深入参与战略落地，通过预算、分析等多种管理工具，提升企业收入。

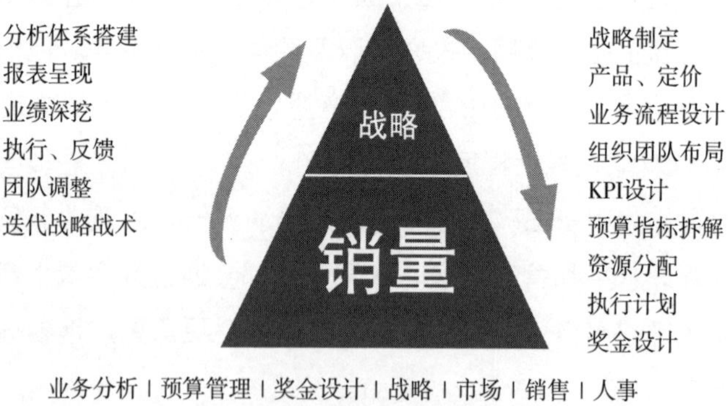

业绩管理全景地图

什么是利润管理

利润管理是通过系统的管理手段，提升企业利润的过程。业绩管理是利润管理的一部分。利润管理在提升收入的同时，通过资源的有效配置达成利润的提升。

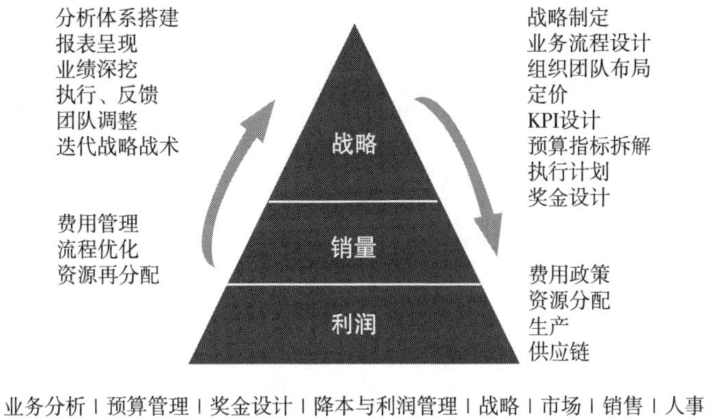

利润管理全景地图

可以看到，无论是业绩管理还是利润管理，都并非仅仅包含财务的工作，事实上，它串联了组织的方方面面。财务想完成这一目标，就必须深入到诸多的管理决策中去，这也是财务为什么要懂业务的重要原因。

什么是筹投资管理

筹投资管理，顾名思义，就是通过筹资和投资等相关工作，实现企业价值和市值的最大化。其工作内容包括但不限于筹资（股权融资、债权融资）、IPO（上市路径、股东会决议、中介选择、上市标准、申请文件、发行销售、挂牌交易）、投资（投资方向、标的、组合管理、尽调、分析谈判、投后管理、兼并融合、退出等）。

什么是风险管理？为什么要进行风险管理

风险即收益。在组合管理中，有一个经典的理论：组合管理的目标是追求相同风险下的收益最大或者相同收益下的风险最小。企业发展的目标并非绝对意义上的收入、利润或者企业市值最大化，而是在风险一定或风险可控下的收益最大化。

也就是说，财务部不仅要帮助业务部加油门，还必须帮助业务部踩刹车。该刹车时不刹车，后果不堪设想。在公司中，最懂风险管理的部门之一就是财务部。

财务 BP 要管理哪些风险呢？

- 业务风险。
- 内控审计：内控制度、审批权限、反舞弊、内部审计、有效利用审计职能、流程改进。
- 现金流风险。
- 其他风险。

所有这些工作，都紧紧围绕企业价值提升。财务 BP 的工作，是增加收入、利润、平衡风险，增加企业的经济价值。这也是许多公司，对财务 BP 考核的重要 KPI 之一。

2.5 案例分享：500 强公司财务 BP 的工作职责

了解了财务 BP 工作的四个方面之后，下面将分享一位任职于某医疗 500 强公司的财务 BP 的具体工作职责，帮助大家进一步理解财务 BP 的具体工作。

1. 财务管理

（1）全盘管理事业部利润表，负责中国香港以及台湾的业务（预算、费用管理等）；

（2）与各关联方沟通（包括中国管理层、全球总部等）；

（3）资源配置（遴选、投资、清晰事业部内部的资源分配规则）；

（4）定价；

（5）合规与风险管理；

（6）会计、税法、事业部财务项目管理；

（7）提供财务培训，增强业务的财务敏感度。

2. 业绩与利润管理

（1）预算与指标分配；

（2）业务分析；

（3）奖金设计：销售奖金及经销商奖金制度设计与落实。

3. 投资（资源配置）

（1）人员、市场等资源的合理投资，筛选高潜地区与高潜产品；

（2）能力线投资：投资市场准入、可及性、疗法普及等能力线；

（3）产品线投资：优化产品结构，新品引入及上市，收购兼并及国内合作等。

4. 教练与军师

做业务人员可信任的财务伙伴。

5. 团队管理

筛选、发展并指导团队（财务 BP 及财务分析员）。

6. 支持部门财务 BP

做好市场准入相关支持部门的财务 BP 工作。

2.6 提问：财务 BP 的老板都有谁

财务 BP 的老板都有谁？有几个人？这是一个非常有趣的话题，关系到我们向上管理的方向。

可能很多伙伴说，两个人：一个是财务老板，一个是业务老板。

在我的工作实践中，我认为是四个人。他们分别是财务老板，财务老板的老板；业务老板以及业务老板的老板（当然，可能还不止四个，因为有的业务老板有双重汇报线，有的财务 BP 也有财务双重汇报线等）。

其中财务老板和业务老板自不必说，财务老板的老板也能理解，毕竟我们的升职加薪，往往不是由直线老板一个人来决定的，财务老板的老板会有更大的话语权。但是为什么向上管理还包括业务老板的老板呢？

因为，业务老板的老板，是最能向业务老板施加影响力的人。在工作中，我们常常会和业务老板的老板一起工作，比如谈指标、谈奖金、谈费用，等等。

有时候，要为业务负责人设计他的奖金分配，他的老板就会找到我们一同商量怎样的计划合适。有时候，业务负责人个人或者团队有一些新的动向，可能会对业务部门有较大的影响，财务 BP 也会和自己的财务老板或者业务老板的老板进行私下沟通，保证业务部门的稳定。还有的时候，会遇到更加复杂的情况。例如舞弊，这个时候更需要和业务老板的老板进行有效的沟通，保证自己和组织的安全。

有的伙伴说：业务老板的老板级别很高，我们很难接触到。确实，每个公司的情况不同，大家要根据公司实际情况来判断。

有的老板比较平易近人，常常会叫上财务 BP 一起参加聚会。遇到这样的机会，我们就大大方方地和大老板们坐下来聊聊天，多听听他的方向和想法，也向他介绍自己。有的老板比较忙，但也会认识我们或者听说过我们，这种情况可以在逢年过节给老板发个信息或者邮件，和老板保持一些私交。

当然，最重要的还是在工作上积极主动，每次有老板参加的会议，衣着得体，积极参与，自己负责的部分不出纰漏，给老板留下好印象。如果业务老板的老板支持我们的工作，那我们在组织中可施加的影响力就大得多。

至此，我们将财务 BP 最基础的内容与大家进行了分享。接下来，要进入本书最重要的内容，即财务 BP 的胜任力公式。

第3章 财务BP的两大模型

3.1 财务能力、业务能力与软实力

在了解了财务BP的工作内容之后，紧接着最重要的问题就是如何衡量BP工作的结果。

财务BP的工作结果需要通过业务来达成

财务BP的工作和传统的核算工作差异很大。核算工作的结果是相对容易衡量的：往往我们会从效率和效果等方面来衡量。例如，分录的条数，结账的速度，重大的审计问题，付款周期，员工满意度，财务部的总体支出，等等。

然而财务BP的工作结果如何衡量呢？财务BP的产出到底是什么呢？如果说财务BP是财务部的销售。那我们卖什么东西呢？

其实，我们卖的就是各种财务建议和财务服务。例如：销售分析，财务模型，预算服务，等等。

那我们卖给谁呢？最直接的客户就是业务和业务负责人。最终衡量的结果是我们的建议为企业创造了怎样的价值。这样看来，财务BP，就不是负责简单的报销、付款。

财务BP的工作有一个转化的过程，通常分为两步：

第一步，我们要提供建议和服务。

第二步，这个服务需要通过业务（尤其是业务负责人）采纳后，形成最终的落地转化。最后的结果通过业务来表达。

既然这个过程需要两步（提供建议和服务、业务采纳后实施），那胜任力公式中也需要包含这些因素。

财务 BP 的胜任力公式

财务 BP 的胜任力包含三要素：财务技能，业务技能以及软实力。

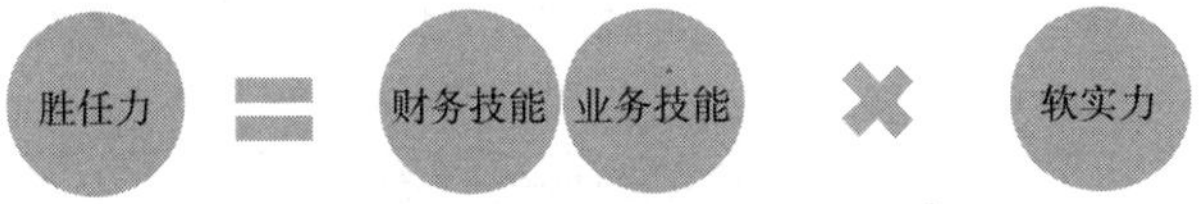

从胜任力水平的最终表现来看，胜任力水平并非硬实力（财务技能、业务技能）与软实力的简单相加，而是与其相乘的结果。

如果一个财务 BP 的财务技能、业务技能非常强，但是软实力很弱，业务并不采纳其建议，无法形成行动转化。从公式上看，即使财务能力和业务能力都打 10 分，但是软实力为 0 分，那么最终的结果等于 0 分。

相反，如果一个财务 BP 的软实力非常强，与业务关系很好，但其提供的建议质量很低，实施后为企业带来不良后果。那么从公式上来看，财务能力和业务能力为 0 分，软实力为 10 分，那么其最终结果也等于 0 分。

只有硬实力与软实力同时发力，在提供高质量建议的同时，软实力有效扩大建议的落地、传达与转化，这才能真正提高组织业绩，实现组织价值！

胜任力公式，是财务 BP 工作的法宝，也是本书的灵魂与核心。

胜任力公式，给我们带来三点启示：

（1）财务 BP 的胜任力要素，主要包含财务能力、业务能力与软实力。

（2）财务 BP 的胜任力是相乘而非相加得到的结果，两个因子缺一不可。

（3）衡量财务 BP 的工作需要以下三要素：

◆ 提供高质量的建议及服务；

◆ 建议被积极采纳及行动转化；

◆ 组织长期稳定的发展。

3.2 能力模型：财务 BP 的 15 项能力

在了解了胜任力公式之后，我们对财务 BP 的工作产出应该有了深层次的认识。财务 BP 的产出不仅依靠自身，同时还需要通过业务来实现。

作为财务 BP，需要哪些知识、能力、水平才能为业务提供有效的建议呢？

为了探寻这个问题的答案，我们将财务能力、业务能力与软实力进行了细化与拆解，形成了财务 BP 的 15 项能力——财务 BP 能力模型。此模型于 2018 年以英文形式在国际著名的财务分析媒体 FP&A Trends Group 发表，并成为此平台成立以来最受欢迎的文章之一，在国际上受到了广泛关注。

此能力模型主要有两方面的作用：

◆ 拆解财务 BP 所需的知识结构；

◆ 作为能力模型，对业务财务团队的招聘、绩效评估、人才储备发展、培训等多方面提供指导。

从培养财务 BP 的能力角度看，我认为有以下三个层次。

第一层次：技能层面。

第二层次：商业操盘和决策力层面。

第三层次：人性与道德层面。

在不同的职业发展阶段，关注不同能力层次上的提升，实现自己在职业和人生上的三级跳。

账务 BP 能力模型（销售业务）

第一部分：财务技能

模块 1：会计

◆ 会计准则、管理信息系统（ERP）使用、与会计及共享成员对接、税法及税务风险识别、管理现金流等。

模块 2：财务分析

◆ 财务报表、预算、费用管理、资源配置、价格设定审查、合同审查、财务建模、业务指标设定追踪分析、销售经销商奖金及激励等。

模块 3：内控及风险管理

◆ 内控、审计、业务风险识别、内控风险识别、分析对冲、组合管理。

模块 4：筹投资管理

◆ 人员、市场、研发投资分析、产品线投资、并购、筹资、辅助上市等。

模块 5：工作簿（Excel）与演示（PPT）

第二部分：业务技能

模块 6：战略及行业发展

◆ 宏观经济与政策。

◆ 行业走向与趋势、行业发展。

◆ 竞争优势。

◆ 博弈。

◆ 业务战略、产品战略、组合战略。

◆ 平衡风险收益、风险管理。

◆ 全球化与新机遇。

模块 7：市场

◆ 战略市场：市场策略与定位、客户细分。

◆ 市场模型（市场容量、对手分析、消除阻碍）。

◆ 产品市场：产品、新品上市、定价、渠道、促销、市场活动。

模块 8：销售管理

◆ 客户规划管理。

◆ 销售过程追踪管理。

◆ 销售运营（指标制定、业绩追踪、人员规划）。

模块 9：人事与支持部门

◆ 人事战略规划、组织架构设计。

◆ 招聘、绩效、薪酬、培训发展。

◆ 渠道及经销商管理。

◆ 供应链与仓库。

◆ IT 与互联网，互联网时代的新业务。

◆ 生产、研发、质量。

◆ 其他支持部门。

模块 10：法务合规

◆ 了解法律、合规、舞弊识别、风险规避。

第三部分：软实力

模块 11：影响力及领导力

◆ 构建非职权影响力（互惠、承诺和一致、社会认同、喜好、权威、稀缺）。

◆ 用好职权影响力。

◆ 团队领导力。

模块 12：销售技巧

◆ 识别客户及客户排序。

◆ 了解客户个人及客户需求。

◆ 构建客户关系：服务导向、需求导向、关系导向、信任导向。

模块 13：促进深度谈话及教练

◆ 了解现状。

◆ 积极聆听。

◆ 有力发问。

◆ 提供反馈。

◆ GROW 模型：目标、现状、选择、前进。

财务 BP 的目标中有一个是让你的业务伙伴们成为更好的自己。这个过程，往往需要深度谈话。近年来兴起的教练技术，就是一个有助于促进深度对话的技术。积极聆听、有力发问，财务 BP 看似举重若轻以提问为主的谈话，其中蕴含的功力却是相当深厚的。

一个总经理曾分享他对他的 BP 的评价：我平时听得多、说得少，我的财务 BP 则是她听得多、我说得多，一个能有探讨、有提问、让我思考发言的财务业务伙伴是很不错的。

模块 14：沟通与谈判

- 语言（如英语）能力（听、说、读、写）。
- 跨部门合作与沟通。
- 跨文化沟通。
- 谈判技巧。
- 书写、表达、演讲能力。

模块 15：道德水准与成熟度

- 高标准的道德准则及底线。
- 处理复杂关系及利益冲突、内心坚毅、情绪管理、学会说不、同理心、低谷与重回巅峰。

财务 BP，是一个很耗心力的工作。许多人，身心疲惫、负重前行。愿我们能够像《稳行高处》里的羚羊一样，欢喜快乐地面对冲突，克服生命中所有的困难和试炼。虽身处山腰，却能稳行跃腾。

能力模型的应用

1. 能力模型在不同职业阶段中的影响

该能力模型对不同阶段的财务 BP 有不同的要求。对于入门同事，财务技能显得更为重要，同时要不断为自己积累业务技能和部分软实力。

随着工作复杂度和所负责的业务体量的增加，以及团队人数的扩容，财务技能逐步发展完善成熟，可以赋能团队去做。业务技能尤其是软实力在工作中所占比重相应提高。因此大家可以根据自己的长板与短板以及在下一阶段所需技能进行规划学习发展。

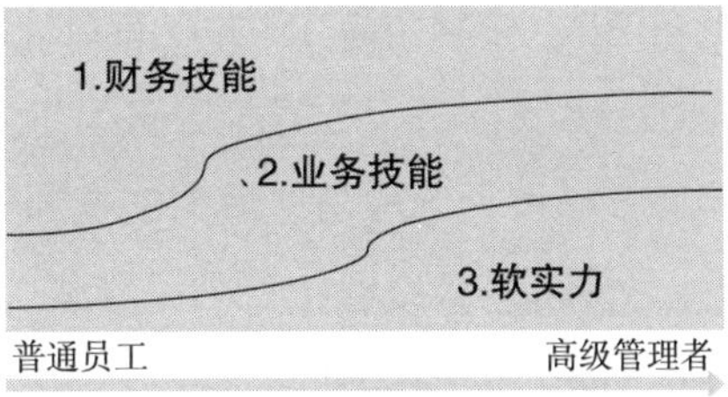

能力模型的应用

如果您是财务 BP 从业者，并寻求个人不断学习发展，可以根据此模型匹配适合自己的模块，并对自己在不同模块上的当前技能和所需技能进行打分。例如，对于影响力，我目前的自评是 5 分，我的期望是 9 分，那我的差距就是 4 分。对于战略，我目前的自评是 7 分，我的期望是 7 分，我的差距是 0 分。通过差距对比，可以有效发现自己的需求，并在年度计划中合理规划相应的知识学习、项目学习、工作学习等内容。

如果您是财务 BP 团队管理者，您可以根据此模型模板适配您目前所需团队、各岗位的能力模型，并据此在多个场景进行应用。例如：

- 招聘问题设计；
- 团队年度学习发展规划；
- 与团队一对一辅导过程中运用该模型分析优势、劣势、差异并探讨行动方案；
- 绩效评估；
- 高潜人才的发掘与培养等。

2. 能力模型适用人群

财务 BP 能力模型适合以财务分析、财务 BP 为主的工作群体，多为财务分析员、财务 BP、财务 BP 总监（掌管多个事业部、事业群）等，止于全盘财务负责人（有较大的财务团队、工作横跨会计、内控、财务 BP、投融资等)。CFO 有单独的能力模型，见附录 1。另外，以会计、共享财务、专家型财务为主体工作的财务人员可根据自身需求参考该模型，选取与您适配的资源与内容使用。

"悦财"公众号上配合了该能力模型的书单，感兴趣的读者可扫描本书勒口处的二维码获取。

3.3 胜任力模型：财务 BP 发展的四个阶段

财务 BP 的第二大模型是胜任力模型。

随着财务 BP 的变革加深，作为财务 BP 发展的核心因素得到广泛重视。我国的财务 BP 从业者愈发关心三个问题：

（1）财务 BP 需要哪些胜任力来推动业务结果？

（2）如何定义财务 BP 组织与个人的成熟度阶段，并实现有效提升与跨越？

（3）财务 BP 胜任力为企业及利益相关者带来哪些影响？胜任力与企业价值有何关联？

为了回答这三个问题，我阅读了大量国际文献，并深入研究了多家世界 500 强公司内部的胜任力模型。与此同时，悦财召开线下研讨会，请国内不同行业、不同背景的专家共创胜任力模型。为了更加深入地了解国内财务 BP 的现状和实现跨越的卡点，我们发布了测评问卷，收到近千份国内财务 BP 的有效回答。

在许多国内专家的共同努力下，我们开发了财务 BP 胜任力模型。

财务 BP 胜任力模型

技能	分类	初级	中级	高级	资深级
财务技能	财务管理	收集数据，报表能合理反映业务事实	能通过数据发现部分业务问题	能与业务通力合作解决问题	预判问题，前瞻性布局

续表

技能	分类	初级	中级	高级	资深级
财务技能	业绩管理	提供财务基础服务	提供业务需要的绝大部分财务信息	有效的业绩评价机制，并促进业绩成长	引导组织的长期高绩效运营
	筹投资管理	几乎不参与筹资投资事项	支持小部分分析、建模工作	关注内外部投资机会，合理投资；参与部分筹资准备工作	有效的资源配置、主导筹投资等财务事项
	风险管理	保证数据可靠性	管理数据、费用相关风险	管理合规、业务风险、合同风险等	构建优化内控治理体系，促进企业基业长青
业务技能	业务敏锐度	有限的产品和行业知识	了解部分业务知识	清晰业务赛道，熟悉市场，有独立见解	引领战略和业务发展
软实力	组织定位	后台部门	中后台部门	大中台（独立负责业务部门财务支持工作）	中前台（财务业务领导者）
	沟通与向上管理	有限沟通	能说，基于业务同事和老板的需求的沟通	敢说，合理建议业务高层，向上管理	会说，重配资源、有话语权；优秀的向上管理能力
	与业务的关系	服务导向，几乎不参与业务决策	需求导向，向业务伙伴转型	关系导向，很强的沟通技能，可信赖的合作伙伴	信任导向，军师，与业务高层深度互信
其他	团队管理				人才与组织发展（带人经理）

注：▭ 实现有效跨越的重要胜任力。

模型中详细描述了每一项内容在每一个阶段所需达到的业绩表现和组织影响力。与此同时，根据专家讨论意见以及几千份测试调查结果，我们对实现跨越的关键能力项进行了重点标注。

业务财务胜任力对组织的价值

影响方面	初级	中级	高级	资深级
组织的业绩表现	低 ——————————————→ 高			
组织风险	高 ——————————————→ 低			
利益相关者的无形价值	低 ——————————————→ 高			

注：业务财务的胜任力包含两方面，一方面为业务财务个人的胜任力，一方面为财务组织的胜任力。此模型可为双方面均提供参考。

财务 BP 的胜任力包含两方面：一方面为财务 BP 个人的胜任力，一方面为财务组织的胜任力。此模型可为双方面均提供参考。

本模型中，将胜任力归纳为四大项，分别是财务技能、业务技能、软实力及其他。将成熟度划分为四个阶段，分别是：初级、中级、高级和资深级。初级多为财务分析员，为组织提供报表等基础性工作；中级多为高级分析员、助理经理，未独立负责事业部；高级多为财务 BP 经理、高级经理，独立负责事业部；资深级多为财务总监，负责多个事业部、事业群、多个国家或地区，但并不是全盘财务负责人角色（全盘财务负责人的胜任力与此模型差异较大，此处不做重点讲解）。

实现能力跨越的关键卡点

软实力

对于财务 BP 个人而言，根据各行业同行讨论，最重要的卡点在软实力方面，尤其是沟通与向上管理以及与业务的关系。在获取业务信任、有效平衡工作角色、如何敢说会说主动说、向上管理以及成为业务军师等方面，目前我国的财务 BP 普遍面临较大挑战，且在各个阶段均为重要卡点。

报表质量

对于财务组织而言，第一个关键卡点在于数据质量、报表失真问题。报表无法真实准确地反映业务事实、缺乏管理维度报表、成本核算不准确、核算效率低下等问题成为阻碍财务 BP 实施转型过程中的最基本也是最艰难的一步。

其他关键卡点

财务技能当中，高阶人士的主要卡点在业绩管理和筹投资管理。

进阶人士的主要卡点在经营分析，尤其是从数据中发现业务问题。

资深人士对个人的评价中，评分最低的是业务洞察力，尤其是引导战略和业务发展的能力。

胜任力与企业价值

胜任力不仅与个人相关联，它与组织及利益相关者之间也有密切的关联。胜任力越高的财务 BP 工作者，会为组织带来更高的业绩表现，同时为利益相关者创造更多无形价值，从而长期为企业和社会创造价值。

当一位财务 BP 能够引领公司战略发展、有效投资并长期引导组织的高绩效运营时，会有效增加企业价值，提高企业业绩。与此同时，他能预判问题，进行前瞻性布局，优化内控体系，从而降低企业风险，提高企业价值。

利益相关者不仅包含企业内部的利益相关者（如业务负责人、财务部员工、经理、一线员工、支持部门等），也包含企业外部的利益相关者（如客户、投资者、社会等）。当一位财务 BP 从业人员，能够与高层建立深度互信，发挥积极的领导力和财务影响力，能够带领组织的人才发展，他无疑为企业内部的利益相关者提供了更多价值。当他能够有效引领战略，布局赛道，合理投资筹资，他会因此为企业客户、投资人及社会带来更高的价值。要知道为利益相关者创造的无形价值，是对企业未来业绩的重要预测。

从本质上说，对企业价值的管理，就是对收益、风险和未来预期的管理。我们可以肯定的是，财务 BP 胜任力的提升不仅能创造个人价值，还能创造企业价值以及社会价值。

胜任力模型应用与意义

胜任力模型如何帮助企业以及个人呢？我们梳理了以下四方面的作用：

（1）可帮助个人、财务组织明晰胜任力的内涵阶段，以及测评目前的胜任力水平；

（2）财务 BP 从业者可逐项分析胜任力的差距，有效制订个人发展计划，安排工作学习、项目学习、知识学习等实现进阶；

（3）财务团队管理者可通过此模型了解团队成员的胜任力水平以及本组织的胜任力水平，并据此在人员招聘、业绩管理、学习发展、高潜培养等方面进行应用；

（4）可帮助人事、管理层明晰财务 BP 胜任力及发展方向等。

有人问：能力模型与胜任力模型有什么区别呢？能力模型，更像是财务人的书单；如果做财务 BP 工作，需要知识储备。胜任力模型，更像一份考卷；我（或者组织）目前是财务 BP 的第几个级别？如何进阶？

以上两大模型在“悦财”公众号上发布之后，我们收到了许多读者的实践反馈。包括读者根据这两大模型，进一步制作了他们公司的财务 BP 能力模型等。在此，非常推荐大家参考这两个模型，梳理个人或者团队的能力模型，并将其运用在工作中。当然，在这一过程中，如果您遇到问题，或者有了成果，也欢迎您告诉我您的困惑与心得。

至此，我们分享了财务 BP 的一个核心公式（胜任力公式）和两大基础模型（能力模型与胜任力模型）。无论您是财务组织，还是个人，相信这些工具，为您提供了通往财务 BP 进阶之路的衡量标准以及“弹药”储备。

接下来，我们就要进入到荷枪实弹的真实世界：进一步分享财务能力、业务能力与软实力的案例。

第4章 财务实战之预算

4.1 财务BP的12个具体工作方向

财务BP到底是通过哪些方法来提高企业收入和利润呢？财务BP的12个工作方向如下：

①预算。

②分析。

③定价。

④市场分析与资源配置。

⑤合同管理与信控。

⑥税收筹划。

⑦资金管理。

⑧成本管理与控制。

⑨投资与筹资。

⑩制度设计。

⑪ 风险管理。

⑫ 研发效率提升与投资布局。

如果对“财务BP都做哪些工作？什么工作是对业务最有帮助？”做一个投票，我相信，预算和分析必定高票当选。

然而，在业内我们却听到许多质疑的声音。有些伙伴分享说：我们的公司已经做了预算，但感觉形式大于实质，这个工具不仅无效，还浪费了许多时间。

我还听说部分公司废弃了预算流程，进而去探寻更有效的管理手段。还有人说，500强公司一定有自己的武林秘籍，不被外人所知。

如果说，500 强真有什么武林秘籍的话，那他们修炼的武功，仍然是预算和分析。只不过，他们的预算和分析完成了闭环，是真预算和真分析。

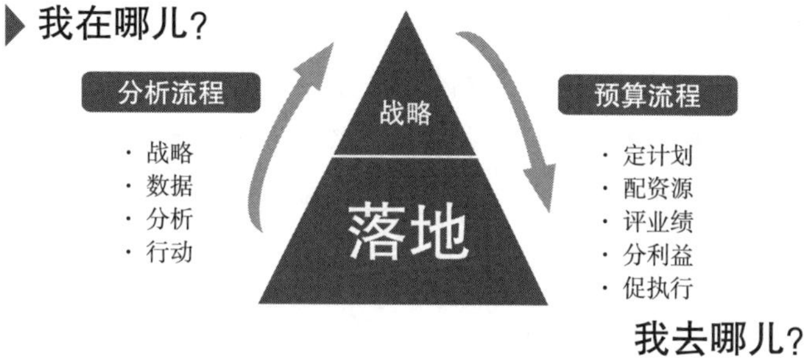

业务财务两大基础管理工具

在本章中，我主要通过真实案例结合实践萃取的理论精华讲解财务管理的精髓。

4.2　预算是什么

预算是对未来一定期间内财务业务状况的预先测算。

首先，预算是面向未来的，它是对下个季度、明年甚至未来五年的预测。其次，预算测算的是财务业务状况，可以是经营利润，可以是现金收支，也可以是库存，等等。最后，预算是一种测算，就是预先模拟测算。

预算的作用

预算有五个主要作用，分别是：

①定计划：预算可以规划方向，预测明年的收入、费用、利润、现金、库存等，做到心中有数。根据这个“心中有数”的测算，可以制定明年的指标。

②配资源：预算决定了资源，尤其是战略资源的分配。

③评业绩：预算作为指标，是指引团队业绩考核的重要方向。

④分利益：业绩考评不是目的，奖金以及返利等重要利益分配才是关键。对于绝大部分的员工来说，预算是利益分配的首要标准。

⑤促执行：预算不仅仅是告诉大家明年的数字，更具体指明了方向，也规划了道路和行动方案，预估实施效果。

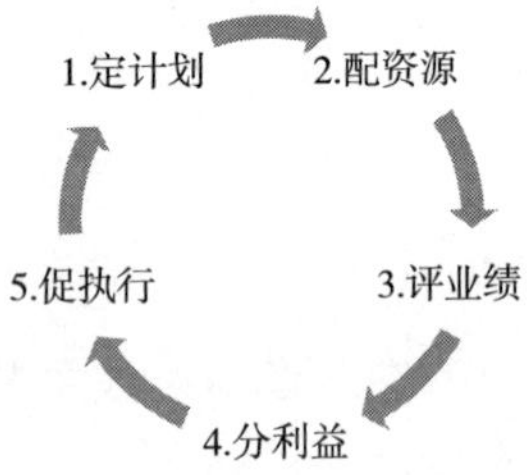

预算的作用

预算是串联企业管理最重要的工具。它不仅串联了研产销等多个环节，也串联了业绩管理、资源配置、人才管理、奖金分配等不同领域。可以说，成功的预算是一个成功财年的基础。

预算的步骤

既然做预算这么重要，那预算怎么做呢？做预算是不是特别复杂呢？其实，做预算只需要三步。

第一步：估算收入。

第二步：测算费用和利润。

第三步：制定指标，规划行动方案。

假如，现在我联合三两好友，准备在家门口的写字楼内开一个“悦悦茶”，卖果汁、奶茶等饮品。作为老板，我要对明年的收入和利润做个预算。

第一步：估算收入。

作为老板，我认真调研了附近的奶茶果汁铺子。一个普通的门店一日大概可以卖300杯奶茶。一杯奶茶平均20元，那么一年的收入预估为：

收入=300杯/天×20元/杯×365天=219万元(哇，收入不错啊)

第二步：测算费用和利润。

这一步要求我们充分了解成本的项目以及税务等多项知识。

假设，奶茶铺的主要费用包括四项：奶和茶等物料成本、人工费用、店铺租金以及税费和其他费用。

①物料成本：假设一杯奶茶的成本为奶茶单价的20%，一年的成本=219万元×20%=43.8万元。

②人工费：假设店铺需用两名员工，每人每月工资5 000元，人工费=5 000元/人×2个人×12个月=12万元。

③店铺租金：每个月店铺租金5万元。租金=5万元×12个月=60万元。

④税费及其他费用：假如综合税率是5%，再加上各类其他费用(约占收入的10%)，那么其他费用总计=219万元×（5%税费+10%其他费用）=32.85万元。

总费用=物料成本+人工费+店铺租金+税费及其他费用

=43.8万元+12万元+60万元+32.85万元=148.65万元。

利润=收入－总费用=219万元－148.65万元=70.35万元。

利润率=利润÷收入×100%=70.35万元÷219万元×100%≈32.1%

第三步：制定指标，规划行动方案。

完成第一步后，一个利润表的预算就做好了。那这个预算是不是就做完了呢？当然不是。作为老板还要做最关键的一步——转化行动。在这一步骤中，要做三件事情。

①第一件事情：心中有数。

做预算之前，我不知道做“悦悦茶”能赚多少钱。现在，已经心中有数了。明年的预测收入是 219 万元，利润是 70 万元。

②第二件事：定指标。

明年的全年收入预测是 219 万元，每天收入 6 000 元，每月 18 万元。我雇用了两位店员(珍珍和珠珠)，和她们开了第一次悦悦茶全体会议。我说："我们每一日的目标是卖出奶茶 300 杯，每个月营收 18 万元。如果我们能超越这个小目标，即每个月每多卖出 1 万元，珍珍和珠珠你们就可以各自多得 1 000 元提成奖，多劳多得"。珍珍和珠珠很受鼓舞，只要店铺月入 23 万元，自己月入一万元不是梦！团队一起设计好了明年的大目标和每个月甚至每一天的小目标！

③第三件事：制定行动方案。

为了完成每月 18 万元的业绩指标，我和珍珍、珠珠三个人一起讨论行动方案。

①收入方面。我们决定开拓三条营销渠道：现场售卖渠道，美团、饿了么外卖渠道和企业大客户订单渠道。我们详细规划了每天的行动计划和分工：珍珍除了要做饮品之外，还要负责美团、饿了么的数据追踪，以及负责接待大客户订单。

②费用方面。我们准备对奶茶成本和次品及废料做严格把控，会严把废料关，临近有效期的牛奶要及时使用，避免浪费。争取把成本从 20% 降到 18%，每年可以多创造利润约 4.4 万元，利润率提高约 6.3%（4.4 万元 /70.35 万元）。

做好以上这三步，现在我不仅清楚了明年的预测收入是 219 万元，利润是 70 万元，还和团队确定了明年的指标和激励奖金计划；更进一步策划了渠道销售的细节和费用管控的方案，确保指标的完成。现在的我，胸有成竹，准备脚踏实地地做好每一杯奶茶，为悦悦茶的客户们带来健康美味的饮品。

我的预算学习之路

通过奶茶店的案例可以看出，预算作为企业经营预测活动的核心流程，重要却并不难做。每个人都可以了解预算，并在工作中参与预测、分析、行动规划等工作。

然而许多伙伴向我抱怨说预算非常复杂。诚然，作为串联公司多项管理流程的工具，预算的学习并非一蹴而就。我个人学习预算的过程中，主要经历了三个阶段。

第一个阶段：学习预算基础和编制。做预算的前两年，我的工作重点在于理解什么是预算、公司的预算系统如何使用、编制预算过程中的技术细节，等等。学习完这些内容之后，我从财务角度对预算有了一个初步的认识。这一阶段的主要收获是，作为一个财务分析员，我可以很好地协助业务部门完成预算的系统流程工作。

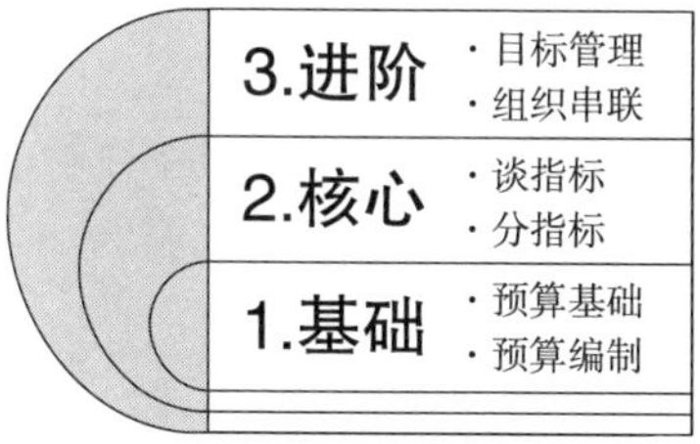

预算的三个阶段

第二个阶段：谈指标和分指标。做预算的第 2～4 年，我的工作重点在于如何科学合理地做预算，并把全面预算体系落到实处。这包含两大流程：一个是谈指标，一个是分指标（在第 4.3 节中，我们将重点介绍谈指标的整体流程；在第 4.4 节中，我们将重点介绍分指标的具体流程）。

如何从公司角度全面理解和展开预算工作，如何科学合理地将指标落到实处，预算中的市场会、销售会、经销商会怎么开，问题在这一阶段得到解决。我这一阶段的主要收获是将自己从一个财务分析员的身份转变到一个综合业务管理者的角度，深度协助业务负责人在组织中科学地组织、实施预算，使得预算在组织中发挥作用。这个阶段于我，好像是一台复杂的飞行器，而我更像是一个副驾驶，陪伴业务负责人一起操作这台精密的仪器。

第三个阶段：目标管理和组织串联。做预算的第五年，我对目标管理的方式方法逐渐形成体系，理解了在组织上如何做串联预算。预算是一项组织活动，深度串联了个人、组织、利益与安全。如何在这些要素之间进行有效平衡，既有术的层面，也有道的层面。这一阶段的预算于我，仿佛是随身携带的一把剑，心剑合一，为我所用。

4.3 指标的制定，是科学不是玄学

有一次在一个财务研讨会上，主持人问在座的财务总监（简称财总）们，你们的销售指标是怎么定出来的？一位财总说，我们的指标是业务同事定好后告诉财务。

那业务团队是如何定指标的呢？

这位财总的下属在旁边喃喃地说：业务说，他们的指标是财务告诉的。当时全场哄堂大笑，连这位财总自己也不禁笑了。

如今，在某些公司，指标制定是一门玄学。公司里的指标是老板定的，老板定的指标仿若火箭飞天般的难度，至于这数字具体是怎么来的？没有人敢问，也没人去问。

指标深度串联了指标体系、奖金体系、考核体系和分析评价体系等四大体系。如果指标的来源如此玄幻，那员工又如何进一步落实呢？

事实上，指标的制定不仅不是玄学，反而是一门科学。应该来说，指标是遵循着一定的制定原则，一步一步制定完成的，并在全公司上下形成统一。只有如此，指标才能发挥重要作用。

指标制定有哪些方法呢？

①经验法：业务负责人根据自己的行业经验，预估得出。

②自下而上法：收集明年所有的项目、客户、产品线等逐一预测，自下而上得到预测的总数。

③历史预测法：根据历史预测未来，包括历史销售成长率、周销量、月销量等。

④市场预测法：根据市场或者细分市场的成长率，预测本公司的销售成长率。

⑤其他方法。

往往一个公司做销售预测并不仅仅使用一种方法，而是多种方法的组合。越是稳定的市场、有多年历史数据的市场，越容易预测。越是不稳定的市场、新市场，越是高度依赖管理层的判断和探索。

那么定销售指标的过程，仅仅是一个定数据的过程么？比如，今年我的收入是 1 亿元，明年 1.2 亿元就结束了吗？远远不是。

指标设定需要预测利润表，包括销售、费用、利润等。

指标设计的流程分为战略讨论、销售预测、投资 / 费用预测、财务分析以及指标确认五个模块。

指标制定最佳实践

战略讨论	战略（业务 / 销售 / 市场 / 其他）	业务战略：业务目标；竞争优势 市场战略：市场定位、准入策略、产品策略 销售战略：客户细分、新客户 其他战略：渠道战略、价格策略、招标策略等	管理层
	政策	渠道返利，资源分配，奖金政策，价格政策等	管理层
销售预测	自上而下：市场成长	1. 市场潜力、市场细分 2. 市场：市场容量、市场增长 3. 对手：对手份额、对手成长 4. 维度：大区，省份，客户，产品（高端产品、低端产品）等	市场
	自下而上：客户预测	1. 客户分层：根据客户分层，列出全部客户以及新客户 2. 按用户，按用户分层预测明年的销售收入，以及每个客户、客户分层的成长 3. 列出重点客户所需资源投入	销售

续表

销售预测	新因子：新品、渠道、价格等	1. 新年新政策的影响 2. 新年新价格的影响 3. 新年新产品的增量及对老产品的销售抵减 4. 新渠道的影响 5. 新业务模式的影响	市场 财务
	协同增效：1+1 ＞ 2	协同事业部、公司、投资方兄弟公司的资源，形成 1+1 ＞ 2 的效果	财务 拓展
	风险预案	1. 业务风险分析 2. 防风险预案：挑战指标，多层指标，奖金激励加速器等 3. 机动资源预留 4. 风险敞口须有收入回报补偿	业务 负责人
投资/费用预测	市场投资	1. 市场策略与市场活动框架 2. 市场活动设计、讨论 3. 市场资源分配 4. 中央活动与区域活动的投资分配 5. 战略项目的投资	业务 负责人 市场
	人员投资	1. 组织设计、区域划分与人才盘点 2.新岗位计划：团队规模（覆盖量、频率、效能、人数），团队架构（工作量平衡、销售潜力平衡） 3. 保留晋升：关键岗位离职风险预案	业务 负责人 人事
财务分析	人效分析、奖金分析	1. 人效分析，与行业均值的对比 2. 奖金支付模拟 3. 奖金设计再讨论，效率与经济性的平衡	财务 人事
	利润率与比率分析	事业部、区域及个人利润表模拟，至少包含工资和差旅报销。通过模拟利润率，分析收入与投资的合理性，保证团队利润和企业价值的提升	财务
指标确认	新赛道、新模式	1. 新模式，新领域，互联网 +，收并购等 2. 调整预算，确认预算，沟通预算，专注执行	业务 负责人 业务拓展

模块一：战略讨论。

指标设计的过程中，第一件事儿做什么呢？还记得木棍先生的一天中，他们的战略预算会是怎么开的吗？他们先请了政府事务部的同事，分享了国家未来的政策趋势。

为什么要先讨论宏观大事，再来讨论指标呢？因为，指标的走向由宏观环境决定。

在讨论战略的时候，通常我们会讨论哪些内容呢？一是战略方向，二是本公司明年的各项政策。这些是决定销售走向的前提。

模块二：销售预测。

接下来，进入到最关键的销售预测环节。在这里，模型中首先进行了自上而下的分析，即分析市场成长率。例如：市场成长率为10%，那么公司的成长不应该背离市场成长太远，预测为 12%。

你可能会问：市场成长的数据从哪里来？

一部分公司，是自己收集制作，包括收集主要对手的数据、公开发布的数据、制作市场模型等；另外一部分公司，是向市场调研公司购买数据。

其次，是自下至上的预测。通常来说，销售会会请销售经理按照客户、销售人员、客户分层等来提交详细的销售预测报表。这样的预测考虑到每个客户的具体情况，但是工作量大，并且不同层级的同事所填写的质量也不一样。

公司自上至下预测，成长率为 12%。假如，自下至上预测，成长率为 9%。那么，经过两个方向的对比验证之后，基本可以把成长率锁定在 9%～12%。

销售预测过程中，还要继续考虑几个问题。例如明年的新政策、新产品、新价格、新渠道带来的影响，如何通过有效组合达到 1+1 ＞ 2的效果。又例如在不考虑新品的情况下，销售成长预测为 12%，明年的新品销售额约为今年的 5%，那总体的销售成长预计在 17% 左右。

在销售预测的最后，还要考虑重要的风险因子和可能的风险预案。例如：明年某条产品线可能会有团队调整，鉴于这一调整，可能会有 2 000 万元左右的损失。这一损失如何规避呢？是不是在内部指标分配的时候，预先向其他团队多分配 1 000 万元 ～2 000 万元？或者在奖金设计过程中，对此进行考量?

做完这些步骤之后，基本上我们就完成了第一轮的销售预测。

模块三：投资 / 费用预测。

销售预测结束之后，进入投资 / 费用预测环节。在这一过程中，首先会根据预测的销售增长，合理预测费用增长，使之互相匹配，符合净利润的合理增长预期。

例如，市场费用的规划、人员费用的规划，等等。在进行人员规划过程中，不建议大家仅以财务方式进行讨论。要具体分析，在什么岗位、加什么样的人、加人的目的和效果会如何。

有一年，我们在讨论一个市场职位的时候，开始想设在泰国，经过和泰国招聘团队的深入沟通，发现很难在泰国招聘到合适人选，就把方向转向新加坡，但是新加坡的招聘成本很高。经反复计算之后，发现这个岗位如果设在新加坡，确实性价比不高。最后我们暂时取消了这个岗位的设置，转而增加了一个销售岗位。

这就是一个把预算做实的过程。不仅要预测花多少钱，还要预测花了之后带来的效果，包括实施可能的难度等，保证预算符合客观事实。

模块四：财务分析。

在全部讨论后，进入财务分析环节。财务要汇总所有的数据，才能做利润表的分析。

有的公司是把这一步和费用分配模块互换。先做利润表分析，算出总体花费，再分配。不同公司的实践不同，但总的方向是一致的。

同时，财务还会做多方面的分析，比如人效复核、奖金预估等，从而保证投资的有效性。至此，第一轮的利润表预测完成。

模块五：预算确认。

第一轮利润表预测完成之后，往往并不是结局，甚至只是开始。有的公司，一年会做 3～5 轮预算调整，有时发现第一轮的销售预测远不及目标。

这个时候，就要换一种角度了。如果差异过大，往往无法通过正常途径来弥补，需要寻找新赛道、新的兼并收购等其他方式来弥补差异。

最后，通过循环往复多轮的谈判和确认，公司会最终确认预算指标，包括收入、费用等环节，并进行正式指标沟通。指标沟通，一般以最终系统为准，通过以上步骤，基本上串联了预算收入和费用预测过程。

4.4　给团队分指标，是公平第一吗

当确定了今年的指标之后，迎来下一个重要问题：如何科学合理地把指标分配给团队？

通常来说，在年度预算分配中，我们主要专注于以下四项工作。

① 指标制定与分解。

② 资源分配与匹配。

③ 制度设计与发布。

④ 工作方向与规划：对未来战略方向、打法的规划及具体工作计划。

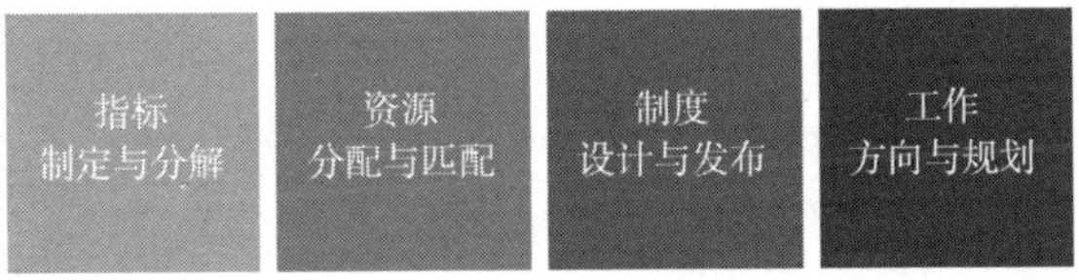

年度预算的四项主要工作

年度预算的制定过程到底是怎样的呢？下面通过一则实例展示下年度预算的全貌。

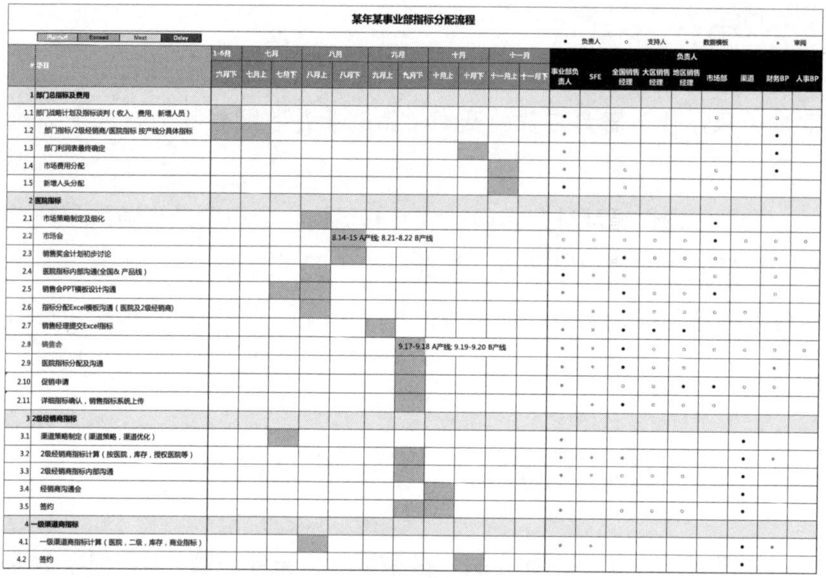

年度预算指标分配流程

序　号	项　　目
1	部门总指标及费用
1.1	部门战略计划及指标谈判（收入、费用、新增人员）
1.2	部门指标 / 二级经销商 / 医院指标 按产线分具体指标
1.3	部门利润表最终确定
1.4	市场费用分配
1.5	新增人头分配
2	医院指标
2.1	市场策略制定及细化
2.2	市场会
2.3	销售奖金计划初步讨论
2.4	医院指标内部沟通（全国 & 产品线）
2.5	销售会 PPT 模板设计沟通
2.6	指标分配 Excel 模板沟通（医院及二级经销商）
2.7	销售经理提交 Excel 指标
2.8	销售会
2.9	医院指标分配及沟通
2.10	促销申请

续表

序　号	项　　目
2.11	详细指标确认，销售指标系统上传
3	二级经销商指标
3.1	渠道策略制定（渠道策略，渠道优化）
3.2	二级经销商指标计算（按医院，库存，授权医院等）
3.3	二级经销商指标内部沟通
3.4	经销商沟通会
3.5	二级经销商签约
4	一级渠道商指标
4.1	一级渠道商指标计算（医院，二级，库存，商业指标）
4.2	一级渠道商签约

指标分解的流程与原则

从总的流程来看，指标分解经历以下五个步骤：

①部门总预算谈判。

②完成销售团队指标。

③完成二级经销商指标。

④完成一级渠道商指标。

⑤部门细化预算完成。

那么，分指标的原则是什么？

①安全：保证实际达成的安全系数最高。

②发展：促进团队潜能最大限度地发挥。

原则一：安全。

常有人说，分指标最重要的是公平。站在团队负责人的角度，根据马斯洛需求理论，公平更像是被尊重的需求，是高级的需求，而最基本的需求是生理和安全的需求。没有职位，一切免谈。

所以，分指标最重要的目标是保证实际达成的安全系数最高。离开团队安全谈团队公平、谈利润提升，都是不切实际的。

举例来说，如果我们有 100 元的指标要分，已经分了 95 元，最后还剩下 5 元钱要分给 A、B、C 三个人，应该如何分呢？无论是否公平，是否赚钱，谁最有可能保证这 5 元钱达成，我就分给谁。

这也是为什么有经验的管理者，在给团队分指标的过程中会设置一个安全垫：例如他和老板谈的指标是 100，但是他给团队分的指标却是 110，这就是安全原则最好的体现。所以，作为财务 BP，在指标分配过程中，首先考虑的是如何保证销量的达成。在这个过程中，谨慎地向销售团队进行利润施压或者公平施压。要知道完不成销售收入，其他的一切都不会有。

原则二：发展。

在保证了安全的基础上，指标的分配还要考虑发展，这是激发团队最大潜能。

有一种指标叫作挑战指标。有时候，业务负责人会给团队设置双重指标。如果你 100% 达成指标，那么你可以获得 20 元销售奖金。如果你达成挑战指标 125，你可以获得 30。用这样的方式来激励团队进一步挑战自己的潜能。这样，团队不仅可以最大限度地保证指标的完成，还能最大化地激发团队成员的潜力，挑战自我。这样的指标分配才是合理的、成功的！

客户指标分配

客户指标分配（其中也包含销售指标）是整个指标分配的核心步骤。这一步的核心是将部门总体的指标分配至最底层的客户此案例所属医疗行业，客户（即医院）。再根据不同销售负责的医院、不同产品线的汇总数据等，就可以得到不同维度的指标。

在这一步中，有两个重要的会：分别是市场会和销售会。

市场会主要由市场部主持，分享明年具体的市场策略，以及市场活动。业务负责人常说：市场会是市场部炒菜，请销售部吃菜。也就是说，市场部规划好明年的重要活动，端上这些菜，请销售部共同讨论。

这个过程有两个作用：①全体成员明晰战略和方向。②规划市场部具体的活动。

销售会通常在市场会 1～2 个月之后开。销售部详细汇报自己负责区域目前的市场情况、对手情况、客户和团队情况。接下来，对明年销售做详细的预测，同时汇报自己所需要的资源、支持以及会参与的市场部组织的活动清单和自己准备组织的活动清单等。

销售会是销售指标分配和谈判的重要环节。医院指标分配的重心会围绕销售会展开。

大家要看到，销售会之前，我们做了详细的准备：

①市场部分享下一年的市场方向、活动资源等。

②管理团队对下一年奖金政策做初步讨论。

③销售经理准备底层医院销售预测，以及团队销售预测等。

这不仅是一个收集预算的过程，也是各个团队详细规划明年工作的过程。

每个团队，通过分析对手情况，汇集成明年的“打法”，同时配上自己所需的资源，形成工作思路。内部讨论后，年底就可以和客户谈好明年的整体规划、资源投放以及销售预测、市场份额等，锁定胜局！

二级经销商和一级渠道商的指标分配

做好销售团队的指标分配工作之后，我们会继续做经销商也就是渠道团队的指标分配。

有人问：经销商的指标不等于他负责的医院指标之和吗？这是不是一个简单的数学计算过程？其实不然。

通常在指标分配过程中，我们给销售的指标和给经销商的指标是不同的。另外，经销商和销售的考核单价是不同的，而且经销商价格要含税，所以整体的指标计算不同。

在经销商指标分配过程中，最重要的工作是考虑全年的经销商策略、经销商的区域划分、经销商的选用育留以及完成经销商的指标谈判和签约。理论上，渠道团队和销售团队一样，要分析本区域的经销商情况、对手的经销商政策、重点经销商的需求和动向等，然后将指标合理分配，同时给予经销商各项政策和补贴。

这个过程中，有一个重要的会议，就是经销商沟通会。通常，在沟通会上，我们会向经销商分享公司策略、经销商政策、公司新产品，同时由公司一级渠道商配合介绍等内容，并在会后组织统一的签约谈判会。

最后，是一级渠道商指标分配。如果一级渠道商的数量相对较少，可以一对一地沟通，完成签约和价格调整等工作。

这里提醒大家注意：在预算管理的过程中，我们要特别关注政策制定，而且通常政策制定是在销售会、经销商会之前。为什么呢？如果我们和经销商谈指标，要求经销商指标增长 30%，经销商觉得指标太高，肯定不会配合。

但是如果告诉他：我们现在有一个新政策，如果您做到 30% 的增长，就可以拿到更优惠的价格或者本地的一个重点投入活动；如果您做不到这样的增长，那资源不会分配给您。这样的谈判，才是真正有意义的、能促进业务量的谈判。

财务 BP 在年度预算中扮演哪些角色

前面我们分享了年度预算的整体串联过程。可能许多小伙伴会问，财务 BP 在如此多的流程中，主要应该关注哪些流程，扮演怎样的角色呢？下面来看一下年度预算中的责任分工。

某年某事业部指标分配流程

Planned Exceed Meet Delay	●负责人	○支持人	●数据模板	◉审阅						
		负责人								
序号	项目	事业部负责人	SFE	全国销售经理	大区销售经理	地区销售经理	市场部	渠道	财务BP	人事BP
1	部门总指标及费用									
1.1	部门战略计划及指标谈判（收入、费用、新增人员）	●					○		○	
1.2	部门指标/二级经销商/医院指标（按产品线分具体指标）	◉							●	
1.3	部门利润表最终确定	◉							●	
1.4	市场费用分配	◉		○			○		●	
1.5	新增人头分配	●		○			○			
2	医院指标及销售团队指标									
2.1	市场策略制定及细化						●			
2.2	市场会	○	○	○	○	○	●	○	○	○
2.3	销售奖金计划初步讨论	◉		●	○	○	○		○	

续表

Planned | Exceed | Meet | Delay　●负责人　○支持人　◍数据模板　◉审阅

序号	项目	负责人								
		事业部负责人	SFE	全国销售经理	大区销售经理	地区销售经理	市场部	渠道	财务BP	人事BP
2.4	医院指标内部沟通（全国&产品线）	●	◍	○			○		○	
2.5	销售会PPT模板设计沟通	◉		●	○	○	●		○	
2.6	指标分配Excel模板沟通（医院及二级经销商）		◍	●	○	○	○	○		
2.7	销售经理提交Excel指标	◉	◍	●	●	●				
2.8	销售会	◉	◍	●	○	○	○	○	○	○
2.9	医院指标分配及沟通	◉	◍	●	○	○			◉	
2.10	促销申请	◉		○	○	●	●	○	○	
2.11	详细指标确认，销售指标系统上传		◍	●	○	○	○			
3	**二级经销商指标**									
3.1	渠道策略制定(渠道策略，渠道优化）	◉						●		
3.2	二级经销商指标计算（按医院，库存，授权医院等）	◉	◍	◉				●	◉	
3.3	二级经销商指标内部沟通	◉	◍	○	○	○		●		
3.4	经销商沟通会							●		
3.5	二级经销商签约	◉		○	○	○		●		

续表

Planned Exceed Meet Delay		●负责人		○支持人		●数据模板			●审阅	
		负责人								
序号	项目	事业部负责人	SFE	全国销售经理	大区销售经理	地区销售经理	市场部	渠道	财务BP	人事BP
4	一级渠道商指标									
4.1	一级渠道商指标计算（医院，二级，库存，商业指标）	●	●					●	●	
4.2	一级渠道商签约							●		

财务 BP 在年度预算中扮演的角色，总结如下：

① 协助事业部负责人做好事业部总指标的谈判、拆解、资源分配等工作：主要是表内第一部分的内容。

② 协助事业部负责人做好预算的流程设计、流程跟踪的工作，即设计、分享和过程追踪。

③ 参与销售会、市场会、经销商会，好比军师，为事业部负责人的指标分配、资源分配等提供意见。

④ 资源分配的主要负责人之一。

⑤ 政策制定中的重要参与者，保证工作的落实。

⑥ 各项系统上传，公司内部流程申请（例如价格审批等）的主要参与者，等等。

以上，主要分享了指标分配的最佳实践。表格内容相对较多，包含了具体项目、时间线以及职责分配等。大家可以根据公司实际情况，制作自己的指标分配流程表，串联不同的指标层级、资源分配、重要会议以及制度制定等内容，将指标分配落到实处。

4.5 预算玩的是目标管理

讲过谈指标和分指标两项重要内容之后，我想谈谈目标管理。

我们来思考一个问题：实际中的销售预测是由自己能做多少来决定的吗？例如，经过周密的分析，我认为明年我们团队可以有 12% 的增长，那么我是否就可以报 12% 呢？

其实，实际中的销售预测，往往是由我们自己能做多少和老板能接受多少两个双重因子来决定。

因为这中间有一个管理老板期望的工作过程。如果我们认为明年事业部可以有 12% 的增长，而老板认为可以增长 100%。最后的指标是 100%，那整个预算过程，就出现了较大的偏差。

所以说，预算中的一项重要工作是目标管理。

什么是目标管理

目标管理是管理老板指标期望的过程。通过制定目标管理策略、谈判、内部指标调节等多种手段，达到使实际目标较为合理的状态，同时降低业务负责人的安全风险。

有经验的管理者，都深谙此道。当然，我也了解到一些公司不允许博弈，走单向分配流程，所以请大家依公司文化和竞争环境自行决定。

为什么要目标管理

首先，目标管理促进目标合理。许多公司目标定得过高，不切实际，这主要是因为老板一言堂，团队缺乏深入沟通讨论，缺乏有效的预算流程所导致的。

这些过程不仅能够增加指标本身的可信度，还通过讨论和博弈，更清晰了达成路径和可能的风险因素，从而进行规避和防范。

其次，目标管理也是保证领导团队稳定的重要因素。

销售团队的不稳定，往往是由业绩不达标造成的。业绩达标的硬件是什么？业绩高，指标低。所以，目标管理至关重要。

一个年轻的销售经理可以说：我能做 200% 的增长，绝对不做 180%。但是一个负责几十亿元，甚至几百亿元的业务负责人，在指标谈判过程中，仿若上战场，研判形势，分析谈判对手，制定谈判策略，尽力做好目标管理。

为什么？这关系团队的奖金，也关系管理层的安全，是一年中最重要的大事之一，马虎不得。

位置不同，责任不同，选择不同。

目标管理谁来做

最深谙目标管理之道的人，是业务负责人。我曾经采访过一位业务负责人老江，现在分享一下他的职业生涯中关于目标管理的心得，可以让我们对目标管理有更多的切身体会。

指标预期超高，看我如何“躺平”

大家好，我是老江，一枚生意场上的“老姜”。感谢月思的邀请，让我来谈谈目标管理。现在分享一下我的经验。

记得有一年，我们部门完成得非常好，达到了 50% 的增长。但到了指标季，我们遇到了挑战。

大家都知道，目标管理是要在自己能做多少和老板期望你做多少之间取得平衡。既然前一年做了 50% 的增长，无论里面有多少特殊的因素，老板的期望被拔高了。我们内部讨论，那一年老板的预期成长率在 35% 左右，实际能做多少，还不好说。因为那个时候，还没有做从下而上的分析，市场主要由我们来主导，市场数据并不可靠。但根据我们的估计，应该在 20%～30%，差距在 10%～15%。这个差距在当时看来是非常大的。

我们团队就在讨论，这一年指标的目标管理策略应该怎么定？谈判的第一要诀是降低对方预期。激烈的谈判更是如此。我做了一个大胆的决定，在第一次指标会，报 10% 的增长。在开会之前，我和我的财务 BP，和业务、财务等各个渠道都进行了沟通。听到 10% 的时候，所有人都吃惊万分，怎么可能？

当然，要报这样的数字要做充分的准备，从市场、团队等多个方面分享今年数字中一些“特别”的、不可复制的因素。剔除之后，明年的实际增长在 35% 左右。

我理解，10% 并不是谈判的目的，只是给谈判对手施加的心理压力。我心里也明白：如果他们的预期是在 35%，而我们只能做 20%，那无论我们报 10% 还是 20%，都无法过关。如果我们报 10%，可能最后会在 25% 成交，而我们报 20%，可能要在 30% 成交。既然如此，不如放手一搏。

当我们“躺平”后准备接指标的时候，结果竟然出乎意料，指标沟通邮件上显示，老板给的最终指标是 13%。所有人，都未曾想到，会有如此结果。

但是接下来，问题来了。拿了 13% 的指标，要怎么给团队分呢？团队正士气高涨，一个超低的指标，会一下子让团队泄气，也会丢了市场。

这时候，我们要想办法，把下面团队指标拔高。

拔高团队指标，不需要在公司的指标体系中做太多动作，因为团队只认奖金指标。我们在奖金指标中，进行了不同于预算指标 13% 的分配。

首先，管理团队期望明年做到 25% 的增长，我们给销售团队做了 35% 的指标（留足我个人的安全垫）。

其次，为了保证销售团队 35% 的达成，我们也为他们做了安全垫。把经销商的指标拔高到 50%，和今年的实际持平。

这样销售团队看到经销商指标有 50%，远远高于自己 35% 的指标，达成是有保障的，他们认为指标总体是合理的。经销商基于去年的情况，虽有微词，但也没有强烈反抗。

但是，在这个设计中，有一些人的利益，需要平衡。那就是我的直线下属。因为知道预算指标是 13%，如果把他们的指标加到 35%，导致奖金受到较大的影响，他们的反对声音会很大。

这个时候，我对这一层的管理层进行了“大赦”，所有人是 13% 的指标，共享指标谈判的福利。但是，我告诉我的直线下属：必须要保证你们的团队接 35% 的指标，并尽力达成。这样，年底的钱袋子才会鼓鼓的。

通过这一机制的激励，基本上达成了团队内部的协调一致，销售指标分完了。

接下来，到了费用，出了问题。

因为销售增长只有 13%，那费用增长只有 10%。要让团队做到 35% 的成长，这点费用是远远不够的。这要怎么办呢？

这里面的操作，有些复杂。不过我交给我的财务 BP 去做，她们总有办法搞定。她们的策略是：守住利润指标，每次超额达成的部分，通过一些机动项目再花掉。

但是，这需要和各级老板达成一致，尤其是 CFO。我平时很关注和 CFO 的关系维护，这样对我们争取费用有很大帮助。财务 BP 在做全年系统指标的时候，先在四个季度之间做调整，把费用在前两个季度中多放一些。接下来，在每一期超额达成之后，将老板认可的多余部分，放给我们来花。最后在滚动预算中和各级老板做正式的沟通，进一步加费用。

无论怎样，预算中较低的收入指标会影响我实际的全年费用，我的费用少了很多。

但是，在我看来，费用问题还不是最大问题。这波操作带来的最大问题是：管理层对我们的不信任。大家都不是傻子，都知道你的指标低了。再者说老板也有压力，他也需要人扛，这怎么办？

在回答这个问题之前，我们要先讨论一个问题，指标谈判的终极目的是什么？在我看来，**对于业务负责人来说，指标谈判的终极目的有两个：**

- **在短、中、长期，可以获得自己期待的指标（合理的成长，资源投入等）。**
- **匹配个人的平衡轮，包含收入、家庭、团队，等等。**

这样的操作可能会在中期破坏信任，一次“躺平”可以，次次“躺平”就不太行了。但是事实是，连续几年“躺平”之后，上级领导竟然也习以为常了。

上级领导一直对此不满意，大家是有目共睹的。但我的职位，是很稳的。稳定的原因，不在于超指标完成，而在于高增长。说白了，工作实力才是硬道理。

另外，我和老板之间也有默契：我承诺帮老板做安全垫，该顶的时候顶上，该哭穷的时候哭穷，大家都是明白人，明明白白贡献收入，再明明白白拿到自己想要的费用。

对于老板来说，他用费用卡住我的“脖子”。如果我不听话，他就不给我费用，这样最终的把控权，还是在老板手上。

老板虽然有点不爽，被迫用我们团队做了安全垫。但是，这个团队能保证他年年安全，对他也不是坏事。其实老板要的不是一团和气，而是业绩长虹。

这一操作，最大程度上保证了管理团队的安全和奖金收益，也保证了团队在市场上的成长，总的来说是非常成功的操作。但也有弊端：可花的费用大大减少，长期来看，对市场开发不利。另外，和老板的关系略显紧张。

在安全和发展之间，安全为先。

在指标的目标策略选择上，我个人认为，有四件事是特别重要的：

◆ 作为业务负责人，销售的安全垫必须要有。

◆ 安全垫必须在业务负责人手上，而不是销售负责人手上。

◆ 指标谈判不从自己角度出发，而是从老板的利益出发，双赢是最基本的人性考量。

◆ 指标只是术，真正的道是业绩好。

指标是重要的吗？是，而且是极其重要的。因为它某种意义上衡量了工作能力的高低，是评价标准。它决定了管理层的稳定，是保证公司运行的基础。

听了老江的分享，我心里暗生佩服，虽说数字有些激进，但整个管理流程环环相扣，让各方最大化自己的利益。

一个不能保证自己安全的人，又何谈带领团队发展呢？

那么财务 BP 在目标管理过程中要注意哪些呢？主要有以下三点：

◆ 财务 BP 要保证业绩目标的合理。

◆ 财务 BP 要保证信息在组织中的流通。

◆ 财务 BP 要看住费用，该花钱的时候不手软，不该花钱的时候坚决压住。

目标管理的策略和方向，主要由业务负责人把控，财务 BP 可以协助做一部分的工作。但是有的时候，业务负责人也会“甩锅”给财务 BP，对老板说是财务让我报这么低的。对于这样的业务负责人，和业务老板禀明缘由，及时切割，毫不含糊。

作为财务 BP，我们要以组织利益为先，做一个正气、大气的领导者。

4.6 案例分析：核桃公司的战略预算之路

以上分享了年度预算中的一些重要内容。许多伙伴对战略预算和财务模型搭建也非常感兴趣，正巧我的一位客户核桃公司的创始人来找我咨询，我们一起来看看核桃公司的案例吧。

投资不同　利润相同

核桃：目前我有两个投资的想法，方案不同，但想算一算，哪个方案更好？

第一种方案，投资 50 万元，做一个开发产品。其中 10 万元为营销费用，40 万元为产品研发费用。

第二种方案，投资 90 万元，开发两个不同的产品。其中 50 万元为营销费用，40 万元为产品研发费用。

那么这两种方案，在 3 年内产生的效果可能会是怎样的呢？

我：我们用利润表沙盘模拟一下：

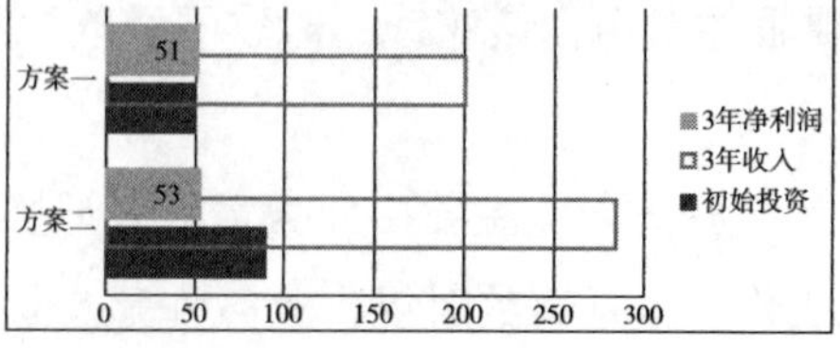

投资回报分析图一

方案一，前期投资 50 万元，三年收入总计 150.7 万元，利润回报为 50.7 万元。

方案二，前期投资 90 万，三年收入总计 232.7 万，利润回报为 52.7 万元。

从收入角度来看，差别较大，但是从纯利润角度，两种计划三年利润都是 50 多万元，差别不大。但投资回报率差别较大。

转换投资方向

核桃陷入了沉思。核桃说：我以为，90 万元的项目会远远好于 50 万元的，没想到结果却是利润相当。

我沉思了片刻，喝了一口茶说：刚刚，我们是从营销上下功夫。如果我们换种角度，从产品研发上下功夫呢？

核桃：也是一种方法，我们来模拟一下。

第一种方案保持不变，仍然是投资 50 万元，开发一个产品。其中 10 万元为营销费用，40 万元为产品研发费用。

第三种方案，投资 90 万元，开发一个产品。其中 10 万元为营销费用，80 万元为产品研发费用。

那么这两种方案，在 3 年内产生的效果可能会是怎样的呢？

我：我们再用利润表沙盘模拟一下：

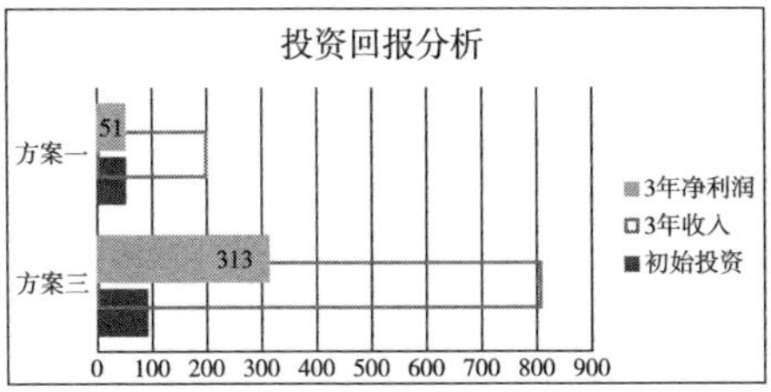

投资回报分析图二

方案一，前期投资 50 万元，三年收入总计 150.7 万元，利润回报为 50.7 万元。

方案三，前期投资 90 万元，三年收入总计 805.6 万元，利润回报为 312.8 万元。

方案三完胜!

在这个模拟中，预算帮我们认清了利润的主导因子：产品价值。在营销和产品研发的投资性价比中，产品的性价比远远比过度营销来得更好。

三大预算

核桃：预算流程好震撼，颠覆了我们很多过往的认知。

我：是的，结果确实出人意料。数字是很真实的，它把我们从对生意的模糊认知中带入理性的范畴。

核桃：说实话，预算我们也做了，但是做得不够系统和规范，也没有意识到预算真正的作用。话说预算到底有哪些种类呢?

我：总的来说，有三种预算：

① 年度预算：针对接下来一整年，预测收入利润，给团队下指标、配资源等。

② 战略预算：针对接下来 3～5 年的企业发展目标，规划战略方向和资源配置。

③ 滚动预算：针对接下来 1～3 个月，滚动最新的销售预测、现金费用等情况，确保销量利润的达成。

核桃：我听很多创始人说，预算不是特别有用，不要信。

我：咱们掉了太多的坑儿，把预算给玩坏了，哈哈。我理了一个避坑指南，分享给大家。

大外企的预算陷阱

1. 战略预算是公司保证“战略上勤奋”的流程

大多数时候，公司是“战术上的勤奋，战略上的懒惰”。

许多公司在做战略预算的时候不是走出去、看项目、看市场、看人才、看方向。而是时间紧、任务重，全员埋头写 PPT，用路演级的 PPT 描述着昨天的思路，错失真正讨论战略的良机。

2. 战略是战略，战术是战术

战略上，我们 3 年翻三番；战术上，我们既不培养人，也不招聘人，一切照旧。PPT 上谈的是产品创新，季度结账做的是经销商压货。

3. 战略预算形式化

有经验的管理者都是玩转预算节奏的高手。

五年指标怎么报？前两年低增长，后三年超高增长，把五年复合增长率拉高。一方面，五年增长达标了，另一方面，明年指标拉低了（一部分公司五年战略预算的明年金额会自动成为明年的指标）。

整个过程就是一个预算目标管理。

4. 准备时间长，数字游戏

许多公司，一个战略预算谈判流程就长达 4～6 个月，最后整个团队的心力都花在数字游戏上。

中小民企的预算陷阱

目前，我国企业的预算呈现两极化趋势：一些企业的预算做得过细；而一些企业的预算是不做或者做得过粗。这些年国际上兴起了一股“超越预算”的预算回潮，让预算更轻量、更放权。

预算在企业的发展史，是一个由轻到重、又由重到轻的过程。

1. 预算天天变

战略预算就在老板的脑子里，一天 24 小时无时无刻不在勤奋地修改着战略预算。今天想着要国际出海，找人把团队搭了。明天想想还是攻国内，又把团队开了。

战略天天变，团队苦不堪言，时间、资源也造成了许多浪费。

2. 不信预算

个别民企老板，从不把预算和资源配置结合起来。费用审批权限不下放，即使花一分钱，都要老板签字审批。老板的原则是节约。想批一个 90 万元的投资单，到了老板那里，缩水成了 9 万元，结果最后只卖了 3 万元的收入回来。

预算流程的失效，导致了管理结果的无效。

3. 指标坐火箭，达成无望

通宵的战略会，想到了无数的新产品、新思路、新打法，激动得睡不着觉。指标，顺理成章就高了。结果，说服投资人的数字，也成功说服了创始人。这么高的销量，也要配上团队。战略预算说，三年团队可扩大三倍，就开始大量招人了。结果产品上市有沉淀周期，人一下子又招多了。

4. 目标合理，认清自己，永远是预算的第一要诀

预算是串联企业管理最重要的管理工具之一，也是财务 BP 最重要的工作。我们需要在每年的流程中精进自己的预算管理技术，在道与术中不断提升。

第5章 财务实战之业务分析

5.1 业务分析最小化模型之四轮八步法

在预算之后，现在进入第二个核心内容：业务分析。

什么是业务分析

业务分析，是通过高效地整理和分析财务业务数据，并有效利用分析结果，帮助企业找准自我定位，规避潜在风险，更好地实现组织的目标与中长期的转型。业务分析，是业务财务工作的基础。

1. 销售业务分析主要有哪些种类?

在销售场景下，常用的业务分析包括 9 种，分别是：宏观分析、市场分析、销售分析、价格分析、利润表分析、现金流分析、投资组合分析、费用分析、营运项目分析等。

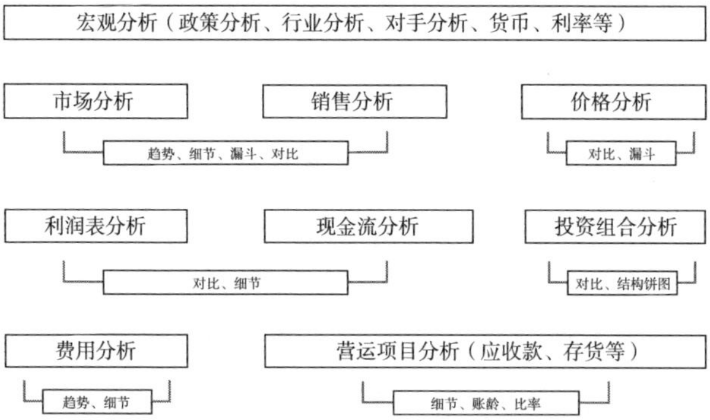

业务分析的种类

其中：销售分析、费用分析和利润表分析应该是财务同事最熟悉也是最常用的分析项目。

2．业务分析的步骤—— 四轮八步法

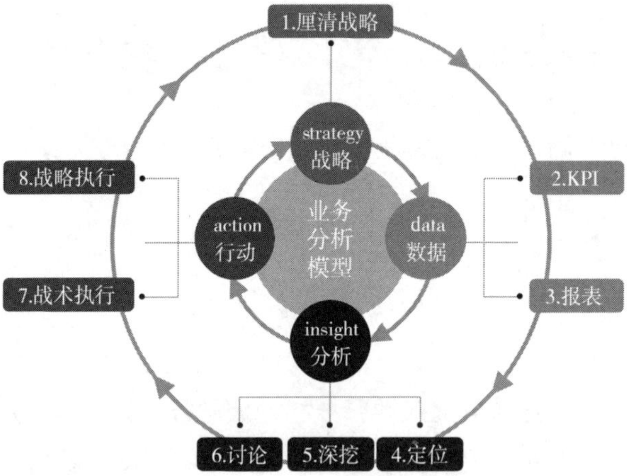

业务分析之四轮八步法

四轮八步法分为内外两圈，其中内圈为四轮，外圈为八步。首先来看内圈。财务分析的基本步骤为：从战略到数据，数据到分析，分析到行动，行动回到战略。

◆ 战略：确定分析方向。

◆ 数据：提供数据和报表支持。

◆ 分析：定位问题，深挖原因，通过业务分析会等方式讨论，这一步主要解决为什么的问题；

◆ 行动：布局实施，解决问题。其中分为战术执行和战略执行两个层面，财务更专注在战略执行的层面，进行定政策、配资源、带项目等工作。

◆ 重回战略：通过分析后，明确、调整、探寻（新的）战略方向。

在开启四轮八步法的详细介绍之前，我想先分享一个我是如何运用四轮八步法帮助女儿提高语文分数的生活案例。

我的女儿读小学，新学期刚开始的时候，她的语文周测卷子可以做到优，过了两周，变成来了良，又过了几周，变成了合格。我想，这样下去，再过一阵子，估计要变成不合格了。

于是，我想分析一下她的语文情况，从而有针对性地帮助她提高。

战略：我的目标很明确，就是帮助她提高语文。

KPI：既然我要提分，那我就把 KPI 设置为失分项，因为我的目标是减少失分项。

报表：接下来，我把她的 7 张语文卷子，做了统计报表，如下所示：

	得分																				
试卷	总分	等第			仿写词语	生字组词	反义词	笔画	选词填空		课文默写	句子顺序	标点	仿写句子		字词	句子	细节含义	中心思想	写作	章节
试卷一	39	合格	7	24	8	12			4	4				4	4	1		2		1	
试卷二	49	优		37	16	9	4		8	6			6		6			4	1		1
试卷三	56		9	36	22	10			4	2				2	9	4		4		1	
试卷四	38		6	23	3		16		4	3			3		6			3		2	1
试卷五	72		6	54		16		16	22	0					12	4		5			3
试卷六	69			48	6	12	3		27	13			9	4	8			4	1		3
试卷七	70			40	10	18	4		8	6		6			24	11		12		1	
总计	393		28	262	65	77	27	16	77	34	0	6	18	10	69	20	0	34	2	5	8

	总分																				
试卷	总分	等第			仿写词语	生字组词	反义词	笔画	选词填空		课文默写	句子顺序	标点	仿写句子		字词	句子	细节含义	中心思想	写作	章节
试卷一	32		7	22	8	10			4	0				0	3	1		2		0	
试卷二	47			36	16	9	3		8	6			6		5			4	0		1
试卷三	50		9	33	21	8			4	0				0	8	3		4		1	
试卷四	33		6	19	3		12		4	3			3		5			2		2	1
试卷五	68		6	52		16		15	21	0			0		10	3		5			2
试卷六	49			37	5	11	2		19	9			9		3				1		2
试卷七	59			35	7	12	2		14	2		2			22	9		12		1	
总计	338		28	234	60	66	19	15	74	20	0	2	18	0	56	16	0	29	1	4	6

	失分																			
试卷	总分			仿写词语	生字组词	反义词	笔画	选词填空		课文默写	句子顺序	标点	仿写句子		字词	句子	细节含义	中心思想	写作	章节
试卷一	7	0	2	0	2	0	0	0	4	0	0	0	4	1	0	0	0	0	1	0
试卷二	2	0	1	0	0	1	0	0	0	0	0	0	0	1	0	0	0	1	0	0
试卷三	6	0	3	1	2	0	0	0	2	0	0	0	2	1	1	0	0	0	0	0
试卷四	5	0	4	0	0	4	0	0	0	0	0	0	0	1	0	0	1	0	0	0
试卷五	4	0	2	0	0	0	1	1	0	0	0	0	0	2	1	0	0	0	0	1
试卷六	20	0	11	1	1	1	0	8	4	0	0	0	4	5	0	0	4	0	0	1
试卷七	11	0	5	3	6	2	0	-6	4	0	4	0	0	2	2	0	0	0	0	0
总体	55	0	28	5	11	8	1	3	14	0	4	0	10	13	4	0	5	1	1	2

语文试卷分析报表

我将试卷内容划分为四大类：拼音、字词、句子和阅读理解。其中每一项，又细分为一些子项目。

我详细统计了每一个项目的总分，她的得分以及失分。这样，根据 KPI 失分项，我完成了报表的统计。

分析：通过分析，我发现她的主要错题类型有三种：句子仿写，生字组词以及反义词。

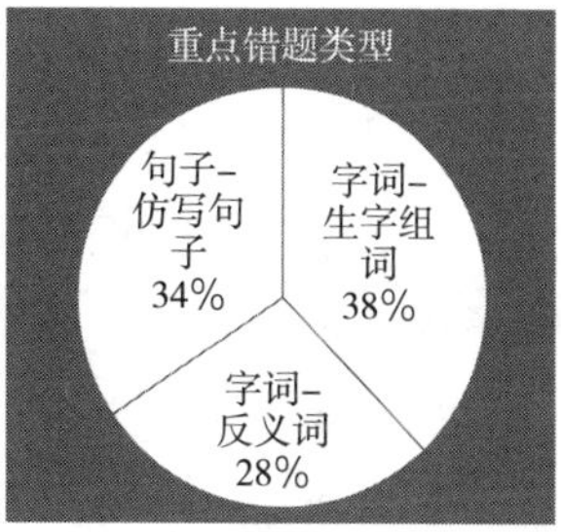

分析原因

做到这一步时，有了拨云见日的感觉，

从过去只了解她语文不好这一笼统的观念中，我现在很清晰她的弱点在哪了。

一天晚上，我们一家三口开了一个分析会。我把我的分析结果和家人分享了一下，经过讨论后觉得句子仿写和反义词，是比较有针对性的点，可以短期突击提高。但是生字组词，最主要的还是要提高默背的频次，需要长期坚持。

行动：讨论结束之后，我们开始行动起来。

行动强化

首先，我们买了句子仿写和反义词训练的专项练习册，接下来每一周的周日，我们会用固定的时间来进行针对性地训练。同时，加强了生词默背的环节，尤其在考试前等重点时段，进一步突击提分。

通过四轮八步法地分析之后，她很快地提高了成绩。之后的周测卷，她开始得良，慢慢变为优。在期末考试阶段，默背生词的环节，老师考了 74 个词，她仅错了 1 个，是班里少有得了优的人。

通过发现问题，及时地提出解决方案，奋发图强，努力永远不会晚。

总结下，四轮八步法在本案例中的使用：

为了帮助女儿提高语文分数。首先，我确定了战略方向：提分。接下来通过战略拆解，拆解出 KPI：失分项。再接着，根据 KPI 制作了失分项的详细报表。

通过定位、深挖，我分析出了女儿知识点薄弱的三个主要方面：反义词，仿写句子以及生字组词。通过家庭讨论会的方式，深挖了原因并讨论了解决方案。一方面，针对反义词和仿写句子进行突击，另一方面加强生字默背。利用周末的时间和考前突击，重点关注这三个薄弱环节，有效提分。

这样，我就完成了分析的闭环：从开始了解到女儿语文知识薄弱，到确定目标分析原因，再到有效提升她的语文成绩。暑假期间，我可能会重新审视目标和方向，进一步提升她对语文的学习兴趣并加强阅读。

可能有人要问了，四轮中哪一轮最重要呢？

有人说行动最重要，有人说分析最重要，也有人说战略最重要。

通过我帮女儿语文提分的事我们可以看到，如果最开始，我们的目标不是提分，而是提高女儿的语文素养，或者说写作能力的话，我猜很大的可能，我们的行动方案不会专注在反义词上。所以说，战略指哪儿，我们打哪儿。战略，是分析的指挥棒。

接下来，我们一起来揭秘最重要的谜题：KPI 设计。

5.2　捕捉组织有效 KPI 到底有多难

KPI 源自战略、服务战略

悦悦茶经过了一年多的发展，成为该区域的三大明星茶饮面包品牌，老板很开心呀，但也是忧心忡忡。销量虽然有成长，但是排队的顾客明显减少了。附近并未开新的奶茶店，但自己的顾客一天天少了，而对面的嘻嘻茶排队却越来越长。悦悦茶虽凭借着特色面包拉动了成长，但是奶茶销量逐步下滑，市场份额不断走低。

一天，老板召集了珍珍、珠珠和财务甜甜开了一次全体讨论会。大家认为，销量上涨的本身是可喜的，但是顾客的减少和市场份额的下降是悦悦茶的重大隐患。经过讨论大家认为提升市场份额是悦悦茶目前最重要的发展战略。

基于这个战略，大家觉得需要重新制定一个主要 KPI 作为财务日报、月报的追踪指标以及店小二珍珍、珠珠的主要考核指标。那么，过去一直使用销售额作为 KPI 的悦悦茶，在新的战略下，到底应该选择什么 KPI 呢？

拆解战略至 KPI

KPI 到底如何设计？其实，KPI 的设计来源于组织战略的拆解。通常来说，组织战略会拆解成战术，KPI 就是战略战术具体的量化因子。

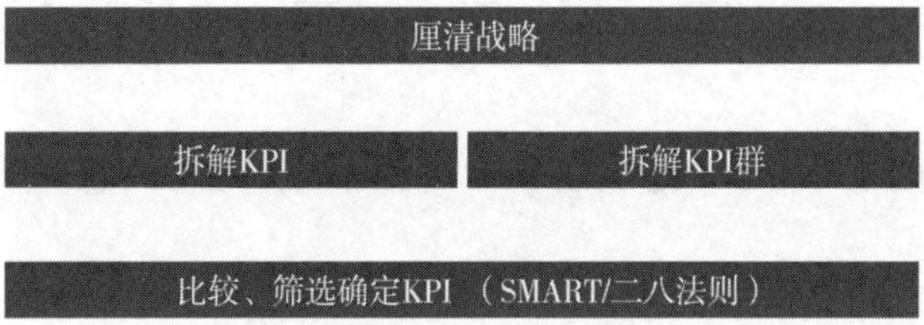

第一步：确定战略战术

悦悦茶的新战略：市场份额争夺。

市场份额 = 悦悦茶所卖奶茶和面包数量 ÷（悦悦茶 + 乐乐茶 + 嘻嘻茶 + 其他奶茶店面包房）卖的奶茶和面包总数量。

想要获取更多的市场份额，可以从销售、运营、市场、团队四个大的战术模块来努力。

第二步：拆解战略到 KPI，选取最可行的 KPI

市场份额用怎样的具体的衡量因子来衡量才最合适呢？

市场份额 = 悦悦茶所卖奶茶和面包数量 ÷（悦悦茶 + 乐乐茶 + 嘻嘻茶 + 其他奶茶店面包房）卖的奶茶和面包总数量

既然战略是提高市场份额，那么如果直接选取市场数量份额作为KPI，是否可行呢？从市场份额公式入手，我们分析一下分子分母的情况。先看分子：悦悦茶自己的销售数量还是很容易获取的。再看分母：商家总的销售数量水分比较大。这个数据往往是根据观察、查看其他店铺以及 App 目前排队人数等进行测算的，而且这些测算往往都有估计的成分在内。店小二珍珍和珠珠认为，若是以这个作为奖金考核，实在不太公平。财务甜甜也觉得数据可信度不高，而且获取难度太大，工作很难开展。

如果市场份额中商家总的销售数量获取难度太大不可行，那是否可以退而求其次，仅选取悦悦茶销售数量作为 KPI 呢？答案是，可行。这样做一方面剔除了单价影响，又能简单获取。但同时也有弊端。销售数量不能全面反映总的销售金额，因为即使销售个数增加，也不代表金额大。

那如果仍然选取销售金额作为 KPI 呢？它会掩盖目前客户数逐渐减少的这个问题。因为客户过去买一杯奶茶 20 元，现在如果客户买一杯奶茶和一份面包，总共 50 元。即使客户少了一些，总销量还是不错的，便无法判断出奶茶的市场份额在下降。

由此可见，没有完美的 KPI。经过激烈的讨论，老板决定用销售数量作为新的团队 KPI。这个 KPI 的变化，给了悦悦茶团队新的方向和打法。团队不再满足于销售收入提高 5%，而是将目光盯在了销售个数提升 5%。经过半年的经营，悦悦茶团队的销售个数成长率在 7%，销售总收入成长率将近 20%，KPI 的转化功不可没。

从这个案例可以看出，KPI 来源于战略。悦悦茶的新战略是争夺市场份额，销售数量就成了最重要的 KPI。如果在销售淡季，门店销量锐减为 0，线上渠道的新客数，或者最大限度地降本就成了最重要的 KPI。因此，KPI 的设计，必须从战略出发，从环境出发。深刻把握组织的战略、战术、寻找可衡量易使用的指标是 KPI 设计的关键。

这不仅考察了战略功底，更考察了业务运营能力。而这些工作的背后，需要有格局、接地气、懂人性的管理者们。

好的 KPI 具备哪些特征

根据悦悦茶选取 KPI 的情况来看，KPI 的取舍是有规律可循的。那么什么是好的 KPI 呢？可以使用 SMART 法则。

1.SMART:（S=Specific、M=Measurable、A=Achievable、R=Relevant、T=Time-bound）

S 代表了 Specific，表示具体的，让人知道应该怎么做。

M 代表了 Measurable，指是能够测量的，例如市场份额就很不容易测量，即使测量也并不准确。

A 代表了 Achievable，指的是目标不能定太高，最好是努力一下能够达到的。

R 表示 Relevant，指的是目标是要符合相关性的。例如，若是给前台同时定业绩指标，这明显和她的工作相关度不大。

T 代表了 Time-Bound，也就是时效。

在不同的 KPI 之间，我们可以反复使用 SMART 法则来筛选对比，选择最优的 KPI。

2. 重要指标的衡量要符合二八原则

二八原则告诉我们，世界不是线性的，而是头部为王的。前 20% 的客户，贡献了 80% 的利润。国际上特别强调二八原则在 KPI 选取中的应用，通常建议公司 KPI 群包含但不超过 20 个 KPI。

取舍 KPI 既要深刻把握战略，又要懂运营，了解底层数据逻辑，还要识人性，通过合理的指标激励团队前进。

KPI 的分解过程

有时候战略非常复杂，很难拆解成具体某个 KPI，那怎么办呢？大战略先细化至战术 / 模块，再拆解战术至 KPI 以及 KPI 群。举个例子：某医药公司的战略目标是让全世界某种病的患者全部恢复健康。这个战略如何拆解呢？有朋友可能说，衡量每个时点该病的患者人数。这个 KPI 是有了，但是它对组织业务运营是否真正能起到指导作用呢？

如果目标大，无法拆解 KPI 时，就先将目标细化，再细化，直至可以拆解 KPI 为止。也就是先把战略拆解至战术、模块，再拆解战术、模块至 KPI。

有的公司，销售人员不计成本地做大促销的活动，销量达成了，但是财务人员却黯然神伤，因为利润受到了很大的影响。因为组织的 KPI 往往不是只有一个，而是多个方面的平衡叠加。我们可以通过拆解战术，设计一系列有效的 KPI 群，综合全面地反映企业的绩效。

例如：悦悦茶的市场份额争夺战略，需要分解至销售、运营、市场、团队四个大的方向。每个方向，可能会再演化出四个重要的 KPI。例如团队，可以采用员工离职率、敬业度等指标进行衡量。那么这四个方向 16 个 KPI 就是精选的 KPI 群。这个 KPI 群，可以更全面，更多元地反映组织的总体健康状况。

组织的目标，可由分解后的下一层战术目标集合而成，也可来源于组织重要岗位的目标集合。设计组织 KPI 群，是一个由上至下传精神（战略）、由下至上剖根本（KPI）的双向汲取过程。

不同的层级和团队，KPI 显然是不同的。例如：悦悦茶做大做强之后，增加了一支奶茶机、面包机维修团队。这个团队的 KPI 包含维修质量、运营成本、内部客户满意、人才等维度。也许，他们的 KPI 不在悦悦茶 CEO 的月报上，但对于维修团队本身，却是通过这些重要的 KPI 完成目标设计落地、评价考核等工作，支持悦悦茶的总体目标。

5.3 业务一把手的能力和意愿是关键

在讨论完四轮八步法的第一轮数据中的 KPI 后，来看第二轮分析环节。谈到分析，可能大家最关心的话题，是第六步的讨论，也就是业务分析会。

谈到业务分析会，第一个映入你眼帘的词是什么?

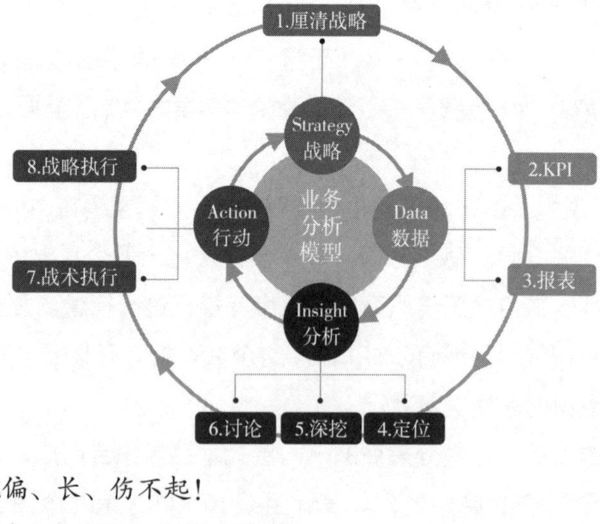

- 跑偏、长、伤不起!
- 财务 BP 应该如何提出意见?
- 形式主义，落地难。
- 销售讲的哪些是真的?

在悦财群里，伙伴们对业务分析会的讨论呼声很高，大家想分析，想深挖，想执行，想开好会。但现实，却又略显无力。许多组织里的业务分析会更像是流于表面的会，反过头来，CEO 还会不停让财务 BP 写业绩下滑的真正原因。财务 BP 苦苦探索着业务分析会的与会者、话题、分析维度、实施细节，力图做到更好。但这些更像是业务分析会的“面子”，而这个会真正的“里子”只有两个字：

- 动机 。谁的动机？业务一把手的动机。

总的来说，业务分析会有两种：一种是真会：真讨论，真敢说，真去做。一种是表面会：你好我好大家好，财务说说数字，销售说说成果，老板点头微笑。

财务想做进业务分析会的第一步要真正盘活业务分析会的动机，从流于形式，到注重实质。下面我们一起走近业务分析会的“真会之路”。

（1）提高业务分析会的质量，关键在于业务一把手的能力与意愿。要开好业务分析会，先来灵魂四问：

- 我们为什么要开这个会？
- 到底谁想开这个会？
- 开这个会，要解决什么问题？
- 是为了开会而开会，还是为了业绩而开会？

（2）业务一把手希望这个会流于形式吗？当然不希望！

圆桌上，谁比他的压力大？你达不成，是奖金问题，他达不成，是饭碗问题！那为什么，大部分的会还是你好我好大家好呢？

业务负责人的痛点有以下三个：

- 作为管理者，他也深感无力；
- 从某种意义上说，他也未必知道一个有意义的“真会”会有怎样的效果；
- 他也许也并不知道如何带领团队开这样的一个会。

如果业务分析会一直流于形式，即使财务 BP 花再多的时间做再好的表，上了 PowerBI 的系统，做很多分析深挖，那也很难真正将分析深入讨论落地。这时候，财务要做以下三件事：

- 让业务负责人认识到一个真会的重要性；
- 帮助他解决他的“无力”，而他无力的背后更多是团队的问题，思想不一致的问题；
- 让他了解业务分析会最佳实践并引领最佳实践在组织的实施。

此刻，财务从自己的角度走出来，从客户（业务负责人）的痛点出发，与客户共同面对问题的这一刻，信任已经在不知不觉中建立。

现在，一个原本看似简单的财务无法做贡献，不懂业务的问题，经过深挖，变成了组织的问题，管理的问题，人的问题。此刻的财务BP，面临的已经不再是数字的问题，而是人的问题，管理的问题，心理辅导的问题。而这些，也正是管理的本质问题。

5.4 业务分析会三要素：分析、预测和行动

业务分析会到底怎么开才有效呢？一个成功的业务分析会，有三要素：分析、预测和行动。

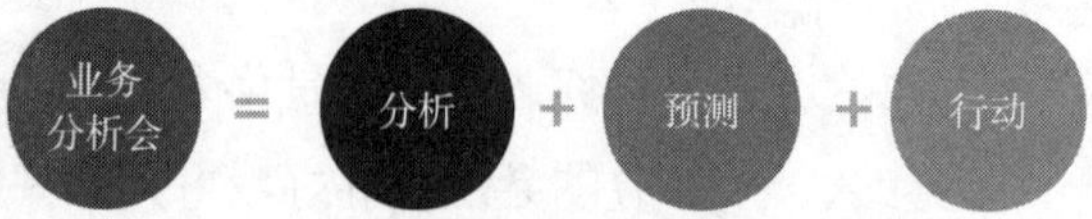

业务分析会三要素

首先，一般日常的业务分析会，常常包含的内容有销售分享业绩，分析部分问题，领导谈期望。

业务分析会三要素中，有时候我们只完成了分析工作，预测和行动都没有做。那如何改进呢？

上一期行动回顾	业绩分享	销售业绩预测	讨论真问题	部署解决方案
10%	20%	20%	10%	20%

业务分析会改造后的流程及比例分布

①业务分析会的开头，可以先回顾一下上一次业务分析会的行动追踪，以及出现的问题。

②由财务 BP，统一分享销售业绩，大家开始深入讨论。

③关键的一步，是讨论下个月或者本季度的销售预测，我们有哪些机会，哪些风险，如何齐心协力达成指标?

④统一部署解决方案，落实到每个管理者下个月的三个重点关注工作。

这样，业务分析会，就从流程上，落到了实处。

5.5　业务分析的诀窍是寻找关键问题

大家可能会问：刚刚业务分析会的第二步，是财务 BP 分析业绩，那财务 BP 如何分享销售业绩，引导有效讨论呢？这里面就需要用到定位和深挖技术。

定位问题，有的放矢

什么是定位和深挖呢？此处，我用病人看病的过程来举例说明。一个病人觉得自己身体不好，想做全面体检。后来，通过医生的问询，她主诉说，他吃了某种食物后不舒服，可能是对食物过敏引起的。通过这一线索，医生给她开了检查单。这个过程是定位，把病人的问题，从身体不好这一宏观问题定位到过敏，将其具体化。

然而，通过对各种过敏源的排查，医生发现，这个病人对所排查的过敏源都不过敏。那是什么导致这个病人会在吃了某些食物后出现症状呢？再经过进一步地检查，发现这个病人肠胃中有一种菌，导致了这一症状的发生。医生对此进行了针对性地治疗，彻底解决了这个问题。

本来病人以为自己过敏，想使用抗敏药物，但是经过进一步深挖检查后，发现这个病人并不是过敏，而是肠胃问题。这就是一次探寻问题根源的过程。

也就是说，定位将视角从宏观角度关注到具体问题上，深挖探寻这个问题的真实原因。当了解了真正原因之后，就可以对症下药了。

下面来看下定位和深挖的具体内容：

什么是定位？定位，是发现重要问题的过程。

举个例子，财务 BP 小王在过去的业务分析会上，做了如下的业绩分享。

2020年							
区域	实际达成	指标	差额	达成率	去年同期	增长金额	增长率
A	7,375	8,000	145	92.2%	6,307	1,068	16.9%
B	9,190	9,300	-162	98.8%	8,583	607	7.1%
C	10,516	10,300	223	102.1%	9,859	657	6.7%
D	7,197	6,600	582	109.0%	6,049	1,148	19.0%
E	5,915	7,400	-1,540	79.9%	4,418	1,498	33.9%
F	9,463	11,100	-1,691	85.2%	10,100	-638	-6.3%
总计	49,656	52,700	-2,443	94.2%	45,316	4,341	9.6%

看完了这张报表之后，大家觉得，在业务分析会上，要怎样展开讨论呢？先从哪个区域开始呢？

有人说是 F，因为 F 的达成率和增长率都比较低。也有人说是 E，因为 E 的达成率最低，但是增长最高。也有人说是 D，因为 D 的业绩最好，要其分享一下原因。

这张报表虽然展示了现状，但是没有定位到具体可讨论的问题。就是：谁，在哪儿，出了什么问题。

也就是说，业务分析的本质并不是向使用者展示数据。因为，展示数据无法带来最终的“行动”。

业务分析的本质，是寻找到目前的问题、原因、可能的解决方案，以及所带来真实的改变。

如果理解这一要点，大家就可以从过往数据多无从下手的迷雾中解脱出来，进而将数据的作用，从展示拓展到探寻问题的土壤，并从这些土壤中，用一定的筛选分析手段，将可能的问题定义出来。

如何筛选定义呢？就是通过前文我们精心设计的 KPI 进行筛选定义。遵循这一思路，我们来看看，如果财务 BP 的业绩分析改成如下形式，效果会如何？

可以看到，在下表中，财务 BP 不是简单地去展示数字，而是列出了目前最重要的问题。上一张表中，财务 BP 分享的是 D 区域的业绩、达成率、成长率。而下面这张表呢？

产品	小区	负责人	金额		数量		金额		数量		问题	行动方案
			去年	今年	去年	今年	成长额	成长率	成长额	成长率		
K2	上海2区	李刚						–50%				
K2	江苏3区	王佳						–90%				
PK2	安徽5区	胡一						–12%				
PK1	云南1区	孙刚						–23%				

首先，这一张表的维度比上一张表要低得多。它不是对 D 区域的概览，而是降维到某个小区（小区的维度比 D 区域的维度要小），某个产品，出现了某个问题。

我们看第一行，K2 这个产品中，李刚负责的上海 2 区出现了业绩下滑 50% 的问题，而且这个问题对全国盘面来说是重要的。接下来，我们就要具体探讨李刚的 K2 产品的问题。

财务分享完这个问题，作为李刚的直线领导，就要分享为什么会出现这个问题？是老客户的续费问题，还是拉新不足？为什么是 K2，不是 K3？是哪个销售的问题？等等。

李刚负责的上海 2 区在上一张表中，是属于达成最好的 D 区域的，如果仅从上一张表来看，D 区域成就优异。但是通过定位，我们发现 D 区域一部分业绩极高，一部分业绩极低。那就要对其中有问题的部分详细探讨。

也就是说，上一张表更像是全员大阅兵，而这张表，是把有问题的几个班级，几个连队拉出来，并且分析出现了什么问题。

这样，我们就从大阅兵转化成了重点问题讨论，这个过程就好比是我帮女儿找到了她的三个重要失分项一样，是解决问题的关键步骤。

定位的意义是什么呢?

首先，财务分析的目的是寻找问题。定位，就是寻找谁、在哪儿、出了什么问题的过程。财务分析，绝不是把数据以美轮美奂的形式呈现出来。浩瀚的报表，路演级的 PPT，这些无法形成生产力。生产力是依靠行动达成的，也就是解决问题。而数据无法解决问题，但是可以找到关键问题。

其次，定位寻找的，是关键的，可解决的问题。财务分析之所以魅力无穷，是因为它可以帮助管理者，在浩瀚的“日常问题”中，锁定最关键，最重要的问题。例如，某区域提出了一个影响销量的问题，大家讨论了 30 分钟无果，这可能都浪费了所有与会人的时间。管理者最忌“无谓消耗”。每一颗子弹，都要有的放矢，放到二八法则中最重要的，有代表性的前 20% 的问题中。解决了这些问题，80% 的情况就会得以改善。

再次，寻找问题的关键，在于制定问题筛选标准。数据可以看出问题，如何看? 就是通过筛选标准来看。例如，把班级里所有小朋友的身高列出一张表，筛选出身高＜ 1.3 米（假如 1.3 米是规定的该年级小朋友的矮小标准）的小朋友。那这几位小朋友，就可能需要进一步去医院检查生长发育情况。如果仅展示身高排名，不做 1.3 米的筛选动作，那么接下来仍然无法形成问题解决的闭环。

又例如：按照产品 + 小区进行排名，筛选全国金额下降前 10 名、数量下降前 10 名，且成长率低于 0% 的区域，填入表格中。凡是落入这一标准的区域，就是整个事业部最重要的问题。

筛选的对象，是我们前文提到的 KPI。筛选的标准，是由管理层讨论制定的，根据多年的业务经验。

如果，您能理解业务分析的重要环节并非展示数字而是寻找问题，那您距离业务分析的"真相"已经迈进了一大步。

仔细想想，业务分析和看病非常相似，财务 BP 的分析工作类似于一位医生。我们作为患者去医院看病，只想听医生说两件事：第一，我得了什么病。第二，我这个病怎么治。没有人愿意带回家各种各样的检查报告。因为，我们的目标是恢复健康，也就是治病。

而业务分析也是这样，业务生病了，我们的目的，不是出体检报告，而是真正诊断出业务生了什么病？怎么治病？然后陪伴业务治病。这就是我们真正的工作。只可惜，很多人把财务分析与报表呈现，也就是体检报告常常画等号，这是导致财务分析无用，财务分析帮不到业务的最重要的根源之一。

深挖，从真问题出发，探讨解决方案

是不是我们找到问题之后，就可以着手解决问题了呢？

在现实工作中，往往我们还要再深挖问题。在最开始分析的时候，看到的问题都是表面的，无法真正解决问题。要想解决问题，必须深挖冰山下的真问题。

曾经有一次我打电话给一个小区负责人，咨询她为什么某个产品业绩大幅度下滑。这个小区负责人说了许多原因，但是始终没有触及问题本质。我把她说的原因一一对照数据，都不能验证。后来我和她谈，咱们真实的原因到底是什么？

这时候，她停了许久说，我和你说实话吧，我藏销量了。

我说我知道，但是这仍然不是问题的根本原因。

她一惊，问我为什么？我和她详细分析了数据。

这时候她更吃惊了。她说，那问题到底是什么？她自己也不知道了。

你看。定位到出了问题，并不能马上解决真实的问题。在解决问题之前，我们必须知道，这个问题的真实原因是什么。否则，无法对症下药。

接下来，我们详细了解一下深挖技术。什么是深挖？深挖，其实是探寻真问题的过程。

那什么是真问题呢？在回答这个问题之前，我们先看看什么是假问题。

假问题有三种：神对手、猪队友、难下手。

我来举一个业务分析会上真实的讨论案例：

业务分析会上，销售：最近我们的对手 B 公司，出了一款新品。他们的新品上市前会特别隆重，邀请了好多客户参与，好多人都尝试了他们的新品，导致我们的销量下降。（神对手）

我手上拿的就是他们的新品宣传册。你们看，每个型号都有介绍到，铜版纸也显得特别高端。再看看咱们的产品手册，一页纸，我都不敢拿出来。（猪队友，映射市场部做的产品手册不好）

我觉得，现在产品的方向就是向对手新品的方向进行，我很希望我们总部研发可以跟上，否则我们真的很难在市场上和对手拼产品。（难下手，总部做一个研发至少需要几年时间，而且这个决策也不是个别团队能影响的）

为什么这样的讨论是假问题呢？因为，这些讨论的本质是没有关注自身，着重解决。

对手如神一般强大，然后呢？我们能做什么？市场部做得不好，这不需要销售来负责，事业部负责人会管理，在埋怨市场部的时候，不如提升自己的团队。总部研发可以做，但是这个话题不应该是每个月业务分析会上讨论的话题，而是在战略会上进行讨论。

因为业务分析会的最主要目的是确保季度（或者月度）销量的达成。这不是吐槽大会，誓师大会，这是一个分析问题，解决问题的会。

那么什么是真问题呢？以下 12 个方面是真问题：

团队问题、经销商问题、组织问题、激励问题、战略问题、市场问题、产品问题、价格问题、资源问题、目标问题、政策问题、执行问题。

关注在人和制度上的问题，就是真问题。发现了真问题后，财务 BP 要做的工作是什么呢？

聆听 + 发问。

首先，认真听销售部的分享，接下来发问。

对手的产品有什么新特性？这些新特性怎样解决了客户的痛点？我们可以解决客户同样的痛点吗？客户的反馈如何，他们的价格多少？我们是否需要做降价，降价多少可以更有效地和对手竞争？

把问题的关注点放在自身以及我们能做什么上。

接下来，我们可以问：我们现在可以做什么呢？我们需要成立一个项目组来应对对手的新品吗？

通过聆听发问，把问题抛给业务，带动业务的深度。我认为，我们做的工作，是让业务做更好的自己，我们只是那个提出问题的人。

定位技术，是我在分析闭环中悟到的最后一环，悟到这个技术后，我发现自己摆脱了看很多报表，但是不知道分析什么的困境。现在的我能够直击业务的重要问题，向事业部负责人一针见血地分享现状。如果有完善的 KPI 选择再配合定位技术，我们可以击中业务中绝大部分的重要问题。这是分析中最重要的一环。

通过深挖技术，我进一步探寻了问题的真实原因，并筛选出了可解决的问题方向。这可以使业务分析会真正做到对症下药。

分享到这里，我们已经就四环八步法中的一些重点技术做了介绍。在分析环节的最后，我想分享一个真实案例来综合介绍四轮八步法的应用，并对这一方法做出总结。

5.6 案例分享：我们是如何通过业务分析，提高 10% 销量的

有一年，公司的业务受到了重创，业务负责人建议我们要重塑业务分析流程，尽可能抓住每一个市场机会，提高销量。

当时我在项目前期，花了 100 个小时，重新梳理了重点 KPI，并重构了业务分析会的 PPT 内容。项目上线后，首季度销量完成率为 109%，连续四个季度，平均销量完成 110%，对比上线前，提高 10%。

我们做的主要工作如下：

1. 重新梳理 KPI

当时的战略和目标是进一步扩大市场份额，尽可能提高销售收入（尤其是短期的销售收入）。在这一战略解码下，我们精选了四大类 16 小类 KPI，分别是：

经销商库存 KPI：对于经销商模式下的销售组织来说，达成销售本身并不是难事，因为可以进行压货的操作（即尽可能多地把货分销给经销商，提高经销商的库存，但这会长期影响销量，并进一步抬高销售指标）。

经销商库存并非越少越好，当然也不是越多越好。正常的情况下，是维持一个较为合理的经销商库存，并能够中期保持在可控范围之内。因此很多公司会采用考核经销商库存这一 KPI。如果有合理方式计算经销商库存（通过买入卖出，或者经销商盘库等），并要求销售不得无故增加经销商库存，这样才能更有效地管控压货操作。

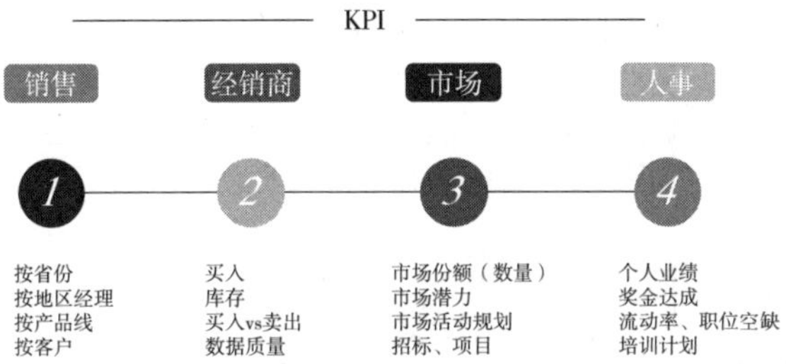

四大类 16 小类 KPI

市场活动规划，培训计划：在每个月的业绩分析会上，我们建议大家在关注销售结果的同时，也关注行动过程。在讨论销售问题的时候，马上就要跟进下一步计划。例如某客户最近销量下滑，对手份额提升，我们要考虑是否在他那里做一做市场活动？若要推荐某个新产品，产品培训和销售技能应该如何跟上。

人事类讨论：有一位亚太总经理曾和我说，他做业绩分析会第一个讨论的就是人。把人的情况讨论明白，业绩自然而然也就达成了。例如我们在讨论销售达成差异的时候，从人的维度看如何提升，并及时请有问题的人的经理，经理的经理参与管理，包括加速空岗招聘，空岗的销售指标临时分配等，都有助于增加销量。

2. 月度滚动销售预测，专注目标达成

过去，在业务分析会上并没有销售滚动预测的环节。在新的业务分析会上，我们把销售滚动预测作为讨论的重点之一。

大家可以看到，下面表格分为三个部分：

第一部分：预测达成。本季度销量预测为多少，和指标的差异是多少，同比增长是多少。我们的目标是快速提升短期销量，因此在滚动预算中，我们稍微加大了总指标，提高达成率。

东大区销售预测Q3　　销售

项目	产品线A	Q3									
		4月	5月	6月	季度预测	指标	预测vs指标	达成率	去年同期	成长金额	成长率
预计达成	**老王**										
	广东省										
	广西壮族自治区										
	海南省										
	老张										
	上海										
	老李										
	浙江省										
	老高										
	福建省										
	江西省										
	东区										
挑战	广东省										
	广西壮族自治区										
	海南省										
	上海										
	浙江省										
	福建省										
	江西省										
	东区										
机遇	广东省								可能性较大		
	广西壮族自治区										
	海南省										
	上海										
	浙江省								可能性较小		
	福建省										
	江西省										
	东区										
总计	东区										

东大区销售预测表

第二部分：挑战和机遇。在做销售预测的时候，最重要的不仅仅是数字，还有挑战和机遇。因为这决定了销售数字的基础假设。例如，目前报的预测数字为 100 万元，仍有 10 万元的某大客户有希望在本季度成交，这种情况大约有 30% 的可能性达成。这就是机遇。

第三部分：总计。在总计部分，我们要平衡三件事，即预测与指标之间的差异，总挑战和总机遇是否可以基本匹配，重点投资是否匹配目前的挑战和机遇项。

这样，一个销售滚动预算就完成了。

3. 通过业务分析会，定位问题，深挖原因

发现问题：销售收入成长 14% 但是销售数据成长仅为 5%。市场份额不断下降。

定位问题：某低价产品数量下降非常快，尤其在 A 型号上（充分竞争产品），在上海、云南、山东快速下降。（谁，在哪儿，出了什么问题）

深挖原因：销售经理反馈说，公司常年在策略上只重视高端产品，没有重视低端产品，没有资源投入。另外，由于该产品是老产品，对手价格较低，本公司产品没有竞争力。

4. 关注行动，实施落地

在事业部层面，针对某低价产品数量下降快的问题，形成两项解决方案：

（1）加人：增加一个产品经理，专注于低端产品市场的战略战术。（配资源）

（2）定价：对低端产品拿出两个型号，作为下一年事业部三大重点项目之一进行重新定价与市场重塑。市场负责人和财务 BP 作为该项目的联合负责人。（定政策，带项目）

5. 每个人最重要的三件事

在会议的最后，我们会让每一位与会的管理人员，填写一下本月最重要的三件事，并在下个月会议开始时，讨论进展，确保执行的跟进。

不同岗位的重要事项示例

业务负责人

#	项目	截止日期	备注
1			
2			
3			

全国销售总监

#	项目	截止日期	备注
1			
2			
3			

市场总监

#	项目	截止日期	备注
1			
2			
3			

这样，我们通过重塑业绩分析流程，切实有效地提高了业绩，还打了一个漂亮的翻身仗。接下来，我想对照这一案例，对四轮八步法的外环八步，做一个总结。

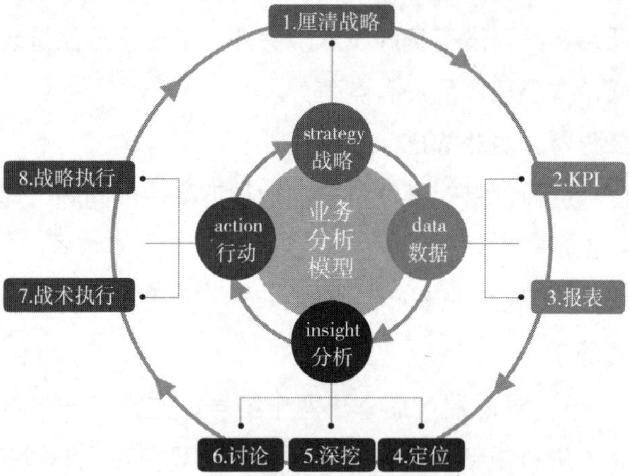

四轮八步法

①厘清战略：是业务分析的起点与终点，决定了业务分析的走向和目标。在此案例中，我们的战略是进一步扩大市场份额，提高短期销量。

② KPI：是报表设计和业务分析的底层因子，在此案例中，KPI 有 16 项。

③报表：以下为报表设计的方法和流程。

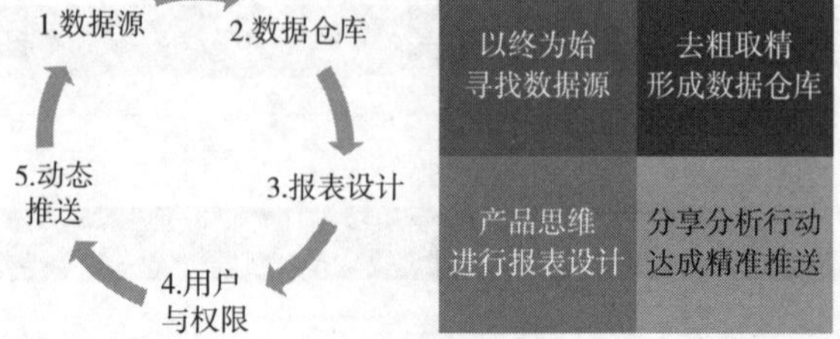

报表设计 5 步法

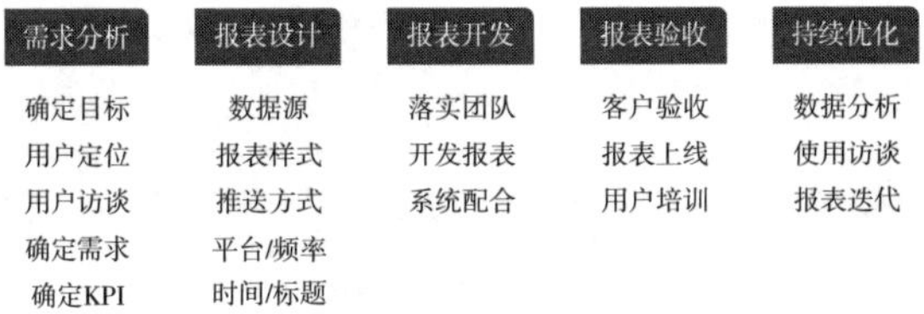

报表设计流程

④定位：回答谁在哪儿，出了什么问题？在此案例中某低价产品数量下降非常快，尤其在 A 型号上（充分竞争产品），在上海、云南、山东快速下降。

⑤深挖：探索真问题的过程。在此案例中，销售经理反馈说，公司常年在策略上只重视高端产品，没有重视低端产品，没有资源投入。另外，由于该产品是老产品，对手价格较低，本公司产品没有竞争力。

⑥讨论：通过业务分析会，讨论问题，达成一致，形成解决方案。

⑦战术执行：业务在战术上的执行，财务 BP 通常参与较少。例如：拜访某客户，举办某个活动，等等。

⑧战略执行：事业部层面的执行或者项目，财务 BP 参与较多。财务 BP 在其中定政策，调组织、配资源，带项目。体现在本案例中就是加人、配资源、定价项目、定政策、带项目。

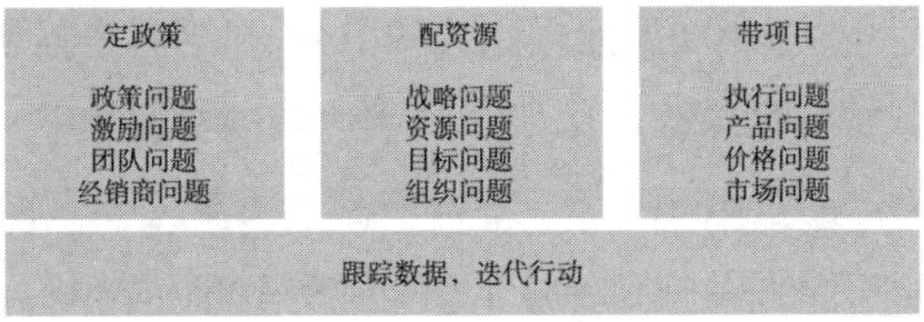

以上便是业务分析中四轮八步法的外环八步的理论与应用。

5.7　财务分析成熟度模型

在本章的最后，我们要探索业务分析的最后一个问题，业务分析的进阶之路是怎样的？如何定义业务分析的成熟度？

业务分析有哪些阶段？如何定义成熟度

国际上较为经典的业务分析模型在 FP&A Trends Group 创始人 Larysa Melnychuk 的一篇经典文章“经典：财务分析成熟度模型”中有较为详细的介绍。

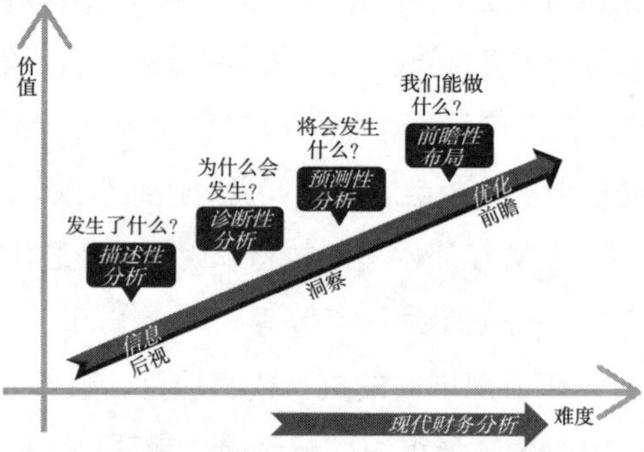

Gartner 财务分析成熟度模型

描述性分析是用描述的方式分析发生了什么。例如，本月指标为 100 万元，实际达成 109 万元，达成率 109%，这就是描述性分析。

诊断性分析分享原因。比如：超额达成的 9 万元中，A 产品贡献了 8 万元，B 产品贡献了 1 万元，A 产品的贡献主要是由某个大客户的一个下个月订单提前交付完成的。这就是诊断性分析。

预测性分析把视角从后视变为前瞻，关注在将来会发生什么？例如：下个月估计有 8 万元的缺口，主要是因为本月的订单前置。

前瞻性布局是在前瞻的基础上，加上了行动的动作。针对可能发生的情况，提早进行排兵布阵。举个例子：早上，看到天上有乌云，预测可能要下雨，提醒家人要记得带伞。分析乌云不是目的，带伞才是王道，这就是前瞻性布局。分析的目的是行动！那如何更详细地定义财务分析的成熟度呢？下面来看财务分析的成熟度模型。

初级状态 → 中级状态 → 高级状态

1 基础阶段	2 发展阶段	3 规范阶段	4 高级阶段	5 领先阶段
● 缺乏正式的分析过程	● 预算起步阶段（预算未有效落地）	● 规范的预算流程	● 全面预算	● 整合性预算（IPP）
● 未建立分析矩阵和关键KPI	● 基础的分析和报表系统	● 规范的分析和报表系统	● 多维度的分析矩阵，领先的KPI	● 领先的分析矩阵
● 缺乏计划模型和工具 ● 缺乏BI工具	● 基础的分析模型和工具（大多基于Excel） ● 基础的BI工具	● 有效的分析模型、分析系统 ● 初级BI	● 动因驱动的分析，分析灵活性高 ● 高级BI，系统关联预测流程	● 整合性的动因驱动（包括横向和纵向） ● 计划流程与BI完全整合
● 缺乏业务协作	● 有限的部门协作，高度手工化	● 部分部门协作 ● 严重依赖IT支持	● 部门高度协作 ● 自助式计划系统和流程对IT依赖性低	● 部门联动 ● 实时预测系统 ● 多路径分析模拟
	● 基于历史的描述性分析为主	● 描述性分析诊断性分析	● 预测性分析	● 前瞻性布局

财务分析成熟度模型

摘自：《经典：财务分析成熟度模型》，作者：Larysa Melnychuk

国际专家对于财务分析阶段性的划分，更关注以下维度：

①时间上看，从过去面向过去的分析，逐步发展成为面向未来的分析，完成从分析到预测的有效跨越。

②从行动上看，从过去关注在分析本身，逐步发展成为关注行动转化，完成从分析，到行动的落地进程。

③从系统上看非常强调 BI 系统的组织实施，以及公司各部门联动与协作。

④强调动因分析，在分析中，抓住主要矛盾，抓住真正的问题根源，可以为问题解决提供最有效的思路。

至此，我们介绍了业务分析的基本理论、方法与最佳实践。接下来，将介绍降本与利润管理。

第6章 财务实战之综合管理

6.1 帮助公司降本3%，我们是怎么做到的

A：公司需要对出差成本进行有效管控，目前的想法是增加10个城市的协议酒店，大家怎么看？

B：生产成本结转不完善，对手每次报价都低于我们的成本，应该如何应对？

C：费用管理，财务BP可以用怎样的手段和方式降成本，但同时又不对组织有伤害？

要回答这些问题，我们先要看看费用管理的流程：

增长导向型支出

从整个费用管理的流程来看，分为支出前，支出中和支出后。

以打车为例，费用管理的过程，绝不是从我们打车上车坐车的那一刻开始的。而是在支出前已经开始了，并且在这一过程中，有两大利器：一项是政策，一项是预算。

这两项内容有什么区别呢？

以管理员工报销为例：一名基层销售，每个月的报销预算为1 500元。这就是预算。也就是说，即使你有再多的工作要做，你的每一项支出都符合公司的政策，但是你的花销不能超过1 500元。预算决定了花销的总量。

那什么是政策呢？例如：晚上8点之后，才能打车回家。这就是报销政策。即使你这个月还有1 500元的预算，但是你想晚上7点打车回家花50元仍然是不被允许的。政策决定了你单笔花销的游戏规则。

预算和政策，是财务BP管理费用的重要手段。费用支出后，又包含哪些工作呢？

——财务会审单，付款。审计部门会对费用进行审计。同时，财务分析同事会做费用分析报告，同时提出改进意见和进一步的行动方案。

费用管控实例

有一年，我曾带领团队，主持了一个公司层面的费用节约项目，项目的主题是：高效花销。

这个项目的目标，是在减少公司2%整体支出的同时保证业务的正常运转和投入。在接到这个项目任务之后，我们快速组建了团队。团队成员包括：

项目牵头领导：公司CEO（首席执行官）和公司CFO。

项目经理：我。

项目成员：财务分析同事、付款报销团队负责人、内控经理、采购经理以及总务经理。

在项目进行之初，我们对公司的整体费用做了详细的分析。

首先，分析公司目前的支出结构和重要的支出项目。

我们发现，公司最大的支出，是人工费。这一部分，因为牵涉较广，暂不作为此次费控项目的目标。次之较大的支出是市场费用和员工报销。

一开始，公司领导和我们团队说，最近员工报销增长远高于销售成长，让我们重点管控。但是经过分析发现，员工报销 = 单个员工的

报销金额 × 总人数（有效在岗人数）。但是，单个员工的报销金额，其实同比去年没有增长，增长的原因主要来自有效在岗人数的大幅增加。最后总结出，除了机票费用之外，其他的个人报销费用不是需要管理的重点。

接下来，我们又分析了市场费用。在市场费用中，我们发现，前三项市场费用项目占到了总费用的 67%，符合二八原则。

通过二八原则，我们在费用中筛选了三项主要的目标改进子项：A，B 和 C。这个项目中最重要的一步，就是通过二八法则找到重要的、可改进的费用项目。

其次，了解现状，着手改进。

针对需要改进的三个子项目的实际情况，进行深入分析与调研。

例如：当时公司有一项费用是允许一定级别以上的员工，内部吃饭，每顿饭 100/（人·元）的报销额度。有人觉得，这个政策在一定程度上会导致一种乱花费的情况。我们调研了不少团队的负责人，并对总的花费进行了分析，发现这项费用的总花费占公司总体花费的千分之一以下。而且很多团队负责人认为，这促进了公司人心聚集。

为什么这么说呢？几个领导层偶尔一起去吃饭，聊聊生活，聊聊工作，有时候也常常在饭桌上讨论许多重要的工作事项。这体现了公司的“家文化”，大家把公司的事当作是自己的事一样深入探讨，彼此交换意见，是个不可多得的交流机会。最后，考虑到其费用的总体花费和对公司文化的影响，我们并未对此项政策进行调整和修改。

就这样，我们一项一项地调研，一项一项地讨论，最终确定了三个优化方向。我们向 CEO、CFO 汇报了目前的进展。

CEO 对此项目非常重视，在重要的政策调整上，他给出了自己的意见。我们在三项重要花费项目上，进行了预算总量的调整和政策的细化落地。

再次，新政颁布，培训员工。

在制定好了详细的政策之后，请 CEO 和 CFO 进行了多轮审阅。审批之后，政策发布之前，我们还进行了相关的讨论和培训落地。

第一步：CFO 在公司级业务分析会上，对高管进行了分享和培训；

第二步：由项目团队对各部门的秘书进行培训；

第三步：由采购团队对所有供应商进行培训，新政落地后如出现违反，不予付款；

第四步：由财务 BP 在各事业部的业务分析会上对事业部高管进行培训；

第五步：由每个团队负责人和部门秘书对团队进行培训。

第六步：公司公关团队通过邮件形式发布新政给全体员工。

在整个政策沟通的过程中，我们并不是一竿子到底，也不是从基层员工培训开始；相反，我们层层递进。

事业部负责人要听从 CEO 和 CFO 的指挥，要能够听到他们合理的意见。事业部负责人学习后，再由部门秘书学习，因为她们是主要负责大费用的花销以及管控的关键人物，在部门内较有影响力。再接下来，层层递进，培训至各级团队。这样，既避免了员工的过激反应，同时保证了各级领导对于项目的理解和推动进度。

最后，新政上线，持续改进。

新政上线后，大家的反馈相对比较温和，但是各种讨论也层出不穷。有一段时间，有人常常在各种大会小会上讨论这个新政，我的事业部负责人和我打趣说，幸亏公司绝大部分人不知道这个项目负责人是你，否则你坐电梯都容易被人打。

但新政实行之后，效果显著。不出半年的时间，总花费下降了 3% 以上，与此同时，部门花在客户身上的钱比以前更多了。员工慢慢地对这一政策从反对到理解，甚至到积极执行。三个月之后，也不再有人讨论了。这个项目，比较完满地落地了。

回顾这个项目，我觉得有几个点是成功的关键：

1．通过二八原则，确定改进项目。

2．获得 CEO、CFO 的支持，事业部负责人总体反对较小。

3．走访一线，把费用花在实处，该节约节约，不该节约的不节约。

4．政策沟通流程完善，让员工理解政策的出发点和避免执行后的个人损失。

在那之后，我还主持过多个费用管控的项目，总体的经验也都和这个项目有类似之处。

分享完关于销售领域的费用管理之后，我请生产领域的财务专家毕瑶，分享她的管理经验。

6.2　材料成本怎么降最有效[①]

李佳这几天比较苦恼，作为财务经理的她上周参加了公司的战略会议。会上，各销售区域的经理纷纷反映下个财年销售预测不佳。市场竞争越来越大，竞争对手们的价格一个比一个疯狂。“公司产品价格太高”“材料成本太高”“我们必须降本”好几次会议大家都提到了这些诉求。会议接近尾声的时候，面色逐渐严肃的工厂总经理一连定了好几个项目并且责任到人。讲到材料成本这一块的时候，他说：李佳，你来负责降低材料成本的项目吧！

材料成本从何降起

李佳当下应允下来，过后却越想越头大。降本项目事关重大，

① 本节作者，毕瑶，坐标苏州，德资企业工厂财务总监，国际注册会计师（ACCA）。本节案例均采用化名。

所有人的眼睛都盯着成本，可是该怎么降，她一点头绪也没有。无奈之下，她找到了自己的上级——负责中国区的CFO徐鹏，说道：老板，平时我们做报告，做分析在行，现在要真枪实弹地把材料成本降下来，我不知道从哪里入手啊。徐鹏听了，微微一笑：你别急，降本有三个主要方法，寻找重要的降本材料方法、降低材料成本、降低用量。这个项目是你深入了解生产和业务的一个好机会。我会帮你做辅导，一起把成本降下来。要降材料成本，你想想看，哪些材料的成本需要降？李佳脱口而出：成本高的材料啊！徐鹏继续问：哪些是成本高的材料呢？李佳仔细思考起来，一边理着思路一边说道：我可以做个数据分析，按照二八法则，将采购额从高到低排序，找到用量最大的原材料。我横向比较，找出单价偏高的那些材料。我们有一百多个原材料料号，这些材料大部分在集团其他工厂也是共用的。我把各个工厂的采购价格放在一起，通过横向比较，就能知道哪些材料的价格高了。然后把这个信息反馈给采购，让他们重新去找供应商谈价格。徐鹏点点头，继续问：拿集团内部其他工厂的价格作为横向比较对象，是一个方式。除此之外，销售面临的问题是，竞争对手的价格比我们低，所以他们的材料成本更应该是我们横向比较的对象。李佳疑惑地问：可是竞争对手的材料成本我们也不知道啊。徐鹏问：具体成本不知道，那我们比对手的成本高了多少知道吗？你不知道，销售知道吗？李佳眼前一亮，兴奋地说：我明白了，我去找销售要数据，看每个产品竞争对手的价格比我们低多少，差距大的那些产品的材料就是成本偏高的材料。如果一个产品，竞争对手价格比我们低15%，抛开人工和机器费用，意味着我们材料成本起码要降15%。有了这个数据，我连降本的目标都有啦！徐鹏满意地点点头，找到重要物料，并且横向比较找到降本方向和目标，让这次的原材料降本项目有了一个好的开始！

材料价格怎么降

一周后，李佳又来到了徐鹏的办公室。看到李佳情绪不太高，徐鹏问：降本项目还顺利吗？李佳顿了顿，慢慢道来：老板，数据我都拉出来分析好了。按照采购额找了 20 个目标料号，这些材料的采购额占到了原材料总采购额的 70%，我都没想到有这么高。我把集团其他工厂这 20 个材料的价格也要到了，果然有几个采购单价比其他工厂高。我已经发邮件给采购了，他们会去跟进这个事儿。销售那边的数据也给我了，平均成本我们需要降 10%。我请采购按照料号找供应商谈价格，降价目标 10%。结果他们回复说我们的采购量太小，在供应商那边议价能力低，我都不知道该怎么进行下一步了。

看着愁云满面的李佳，徐鹏笑笑说：我问问你，我们这些材料中，有多少是从国外进口的？他们中间是否有材料可以本地化？在国内找到替代的材料和供应商，这样即便采购单价降不了多少，中间的运费和税费也可以节省不少，而且运输时间缩短，对生产部门降低库存也有帮助。另外，这些材料中又有多少是从代理商那边采购的，我们有向原产厂家询过价吗？还有，是不是还可以开发新的供应商？这样我们可以多方比价，对现有的供应商也是一种压力。李佳恍然大悟道：我只想到要找供应商谈价格，都没想到还可以寻源，切换供应商。不过这中间要做的事就多了，我这就去找技术经理和采购再讨论一下。徐鹏接着说：你先别急着去。既然你刚才说到供应商不愿意降价，我给你讲个我自己的经历。

我以前在的工厂有一种机床加工件，采购了两年价格一直没变，后来迫于成本压力，也想让供应商降价。他们开始没答应，后来和他们的厂长一起开了次会，价格当场降了 10%。倒不是在这次会上我们有多强势，而是两边工程师都在场，我们把供应商的全部工序仔仔细细了解了一遍，大家一起看哪些地方可以节约下来。会上，对方厂长问我们：你们每次来的单子不固定，能不能一次把每个尺寸的数量提前告诉我们，这样换型成本低，而且交货期也会变短。工程师直接反对说这样不行。我问工程师，你统计过全年每个尺寸的采购量吗，有没有一个基础的量？他想了想，发现从全年来看，确实可以有一个最基本的量提供出来。后来我们和供应商当场达成一致。其实和供应商做价格谈判，看起来是零和博弈，我们采购价格降了，他们的利润也就降了。但如果我们能和供应商一起做价值分析，找到大家双赢的方案，价格谈判也没有那么困难。

李佳若有所思地点点头：我明白了，供应商管理要从彼此利益出发，共创共赢方案。

材料用量怎么降

徐鹏又问：说了这么多，都是在讲采购价格，从材料用量上你有想过怎么入手吗？李佳脱口而出：这几年材料用量差异都比较低，变化也不大，所以我觉得这一块潜力不大。徐鹏接着问：实际用量和标准用量差异不大，那标准用量能降吗？2020 年我们有款老产品成本降了不少，技术部门硬把三层的结构改成了两层其他材料，省掉了最贵的那层原料。性能没受太大影响，成本降了不少，这才避免了退市命运。后来这事还作为成功案例在全球运营会议上宣讲。此外，如果能降低呆滞料的量，不也是降低了总体的材料成本吗？李佳听着有些发愣，反应过来后赶紧在纸上做好笔记：这些我确实没有想到，我去同技术经理和生产经理把这些点都梳理一下。

降本要从可以影响的地方入手

两个月后，李佳和徐鹏终于就这个项目的成果正式坐在一起回顾。李佳分享了她的进展：寻找重要的降本材料方向。

1. 采购额锁定了 20 个目标料号，这些材料的采购额占到了原材料总采购额的 70% 材料成本。

2. 替换供应商：20 种原材料中有 8 种原材料采购通过寻源找到了原厂或者新供应商，价格平均降幅在 5%；原有供应商重谈价格，另外有 4 种原材料没有更换供应商，通过框架协议的方式，价格降低了 8% 材料用量。

3. 工艺改进：技术计划做 2 个产品的工艺改进，涉及 5 种主要原材料，用量预计可以降低 15%，但是他们还需要做实验看看性能能不能保持。呆滞料，暂时还没有取得进展。

徐鹏点头称许：项目取得了不错的成果啊。至于本地化和呆滞料，这不是个简单的问题，反映了公司很多前端的问题。比如找不到替代材料，说明产品在研发阶段没有考虑材料供应在全球范围内的适用性和稳定性；而呆滞料，更多地反映了销售计划和物料计划做得不够精确，导致了材料购入过多，时间一久就变成了呆滞料，这和供应链计划，（S&OP）目前执行得不好也是有关系的。这些问题的改善，不在一朝一夕。降本之路千千万，不一定条条都适合我们。有效的降本，不能要求过高，还是要切切实实从自身能影响的地方入手。你做得已经很不错了，取得了这么多进展。

得到了老板的肯定，李佳觉得两个月的努力终于没有白费，也如释重负地笑了。

TIPS：

1. 寻找重要的降本材料方向：可以用二八原则找到目标料号；然后通过比较，或者目标成本（比如根据销售价格倒推成本）的方式，来确定材料成本降低的目标。

2. 材料成本可以通过价格谈判（价值分析，框架协议）、寻找新供应商（本地化，原厂商，新代理）来降低采购价格。

3. 从材料用量上看是否可以通过工艺改进等方式降低标准用量；同时也要关注降低损耗及呆滞料这些不必要发生的成本。

6.3　风险管理：遇到管理层舞弊，该怎么办[①]

财务 BP 的工作难点之一是不仅要帮助业务踩油门，还要帮助业务踩刹车。财务 BP 和业务近距离工作，是最先接触业务舞弊的管理人员之一。

遇到管理层舞弊，作为财务人员要怎么办？这是一道高难度问题。这里面涉及了利益、法律、道德、自我保护甚至是生命安全等方面的问题。

什么是管理层舞弊

管理层舞弊是由企业的管理层授意或实施的，他们往往会利用自己在企业中的特殊地位和权力，对企业的内部控制任意践踏，从而逾

① 本节作者何苗：从事审计内控岗位工作15年，致力于做一个不给大家找问题、专给大家找对策的财务人。

越内部控制制度，或者自上而下进行串通舞弊。

因此管理层舞弊具有复杂性和隐蔽性的特点。

舞弊动机

以前看的内控书上都说管理层舞弊需要从客观条件、外部条件、内部条件进行分析，找到风险源头，再看风险转换条件，等等。

在我看来，归根结底，管理层舞弊是因为收益和风险的不对等，当管理层发现舞弊带来的收益远远大于被发现后造成的损失时，就会创造各种条件铤而走险。

比如现在很多的大型跨国企业，出于自己品牌和公司运营的考虑，一般即便发现管理层舞弊，如果影响不是特别巨大，不会走上诉讼途径，但多数情况也无法全部追回损失。马克思曾说过，资本家为了 300% 的收益可以冒上断头台的风险。试想当你评估舞弊带来的收益可以直接退休，而风险最多不过是被发现后被公司开除，你会不会有点动心呢?

管理层舞弊有“解”吗

管理层舞弊能杜绝么？不能。但是管理层舞弊有“解”吗？有的。解药就是健康完善的内控体系，它可以缓解和降低管理层舞弊的风险。

在我做内控的职业生涯中，很多人说即使公司设置了这样那样的控制点，把流程搞得极其复杂，但是如果高管、供应商、客户、销售上下串通不还是可以舞弊吗？为什么还要设置这样的内控流程呢？那么请大家想想，国家设置了各种法律法规，那么复杂，为什么还是有人违法呢？既然这样为什么还要设置这些法律法规呢？因为法律虽然无法杜绝违法行为，但是会给违法增加成本，并对违法人员实施相应惩罚。我们很难想象一个没有法律的社会将会变成什么样子。

对于内控来说，道理也是一样的。内控的确无法杜绝管理层舞弊，但是完善良好的内控绝对可以给管理层舞弊增加成本。

财务舞弊经典案例

一个公司财务经理兼任出纳，付款只要财务经理审批，钱即可付出，财务经理可以轻易把钱款汇至指定账户。因为没有职责分离，付款审批只需财务经理一人，财务经理的舞弊无须串通即可执行，舞弊风险极低。那么为了降低舞弊风险，规范内控，我们可以从哪些角度出发呢？

1. 明确的职责分离：将付款流程拆解至出纳、会计、审批人等，彼此制衡。

2. 合理的审批流程：审批人和审批流程根据审批的金额而不同，大额付款由总经理审批付款。

3. 事后审计：内审团队定期抽查，增加舞弊被快速发现的可能，震慑侥幸心理。

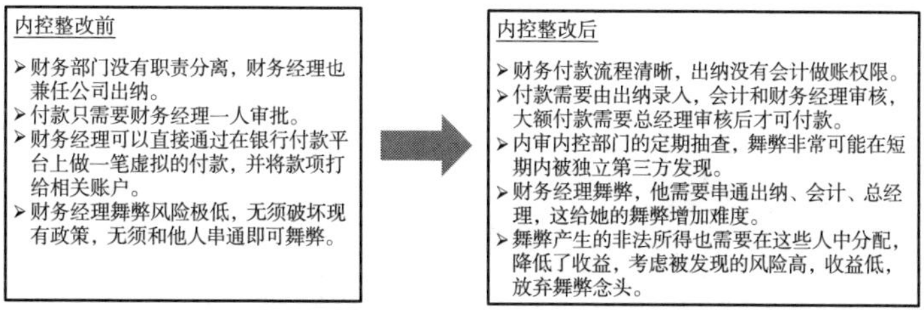

通过合理的内控设置，财务经理的舞弊难度大大增加，侥幸心理

降低。此时，管理层必须串通出纳、会计，甚至总经理才能实施舞弊，即使他们串通一气，他的分成收益也大大降低。同时他的舞弊被发现概率变高（知晓人多、审计风险大），收益小了，风险大了，他的舞弊念头自然就被削弱了。

业务串通舞弊案例

某公司同一供应商既是返利验证数据库的所有者，也是产品数据库及防伪认证数据库的所有者。供应商可轻易篡改返利验证数据库、串通公司管理层及客户为不合格产品支付虚假返利。同时因为敏感数据由供应商掌握，因此更换供应商的难度较高。

那么为了降低舞弊风险，规范内控，我们可以从哪些角度出发呢？

1. 明确的职责分离：产品数据由 A 供应商提供、防伪数据由 B 供应商提供，返利验证数据库归公司所有。

2. 完善的权限管理：严格的数据库权限管理，关键数据加密，保证数据不能轻易篡改。

3. 事后抽查：独立第三方定期抽查，增加舞弊被快速发现的可能，震慑侥幸心理。

通过合理的内控设置，舞弊风险大大降低。供应商几乎无法篡改机密数据，也无法以此要挟公司而阻碍供应商替换。

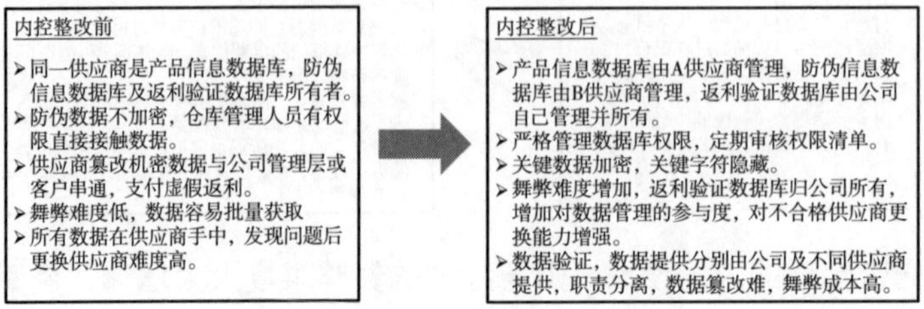

健康完善的内控体系的力量，虽然不能杜绝管理层舞弊，但是可以显著增加舞弊成本，提高舞弊发现概率，降低舞弊后的分成收益，从而降低舞弊概率。

重要内控手段详解

面对舞弊，财务人应该如何应对呢？我给大家总结了一些常见的降低管理层舞弊的内部控制点，列表如下：

分　类	控　制　点	具体说明
事先预防类	合理的组织架构	设置内审部门，并汇报给独立于公司管理层的机构，例如审计委员会，监事会
	明确的职责分离	不相容职位相分离，例如采购和收货相分离
	合理的审批流程	设置审批限额，对于大额费用支出，不能完全由当地管理层审批，需要涉及总部
	明确禁止管理层逾越内部控制流程	如聚餐必须由级别最高同事支付；个别岗位设置最长工作年限，采用轮岗政策
	定期培训	定期内控培训
事后发现类	完善的报告或半报机制	匿名举报；专门部门调查及处理举报事件
	定期风险评估和内部审计	独立审计部门根据公司风险评估，定期对下属公司进行审计
	明确且合适的惩罚机制	对于舞弊的合理惩罚，增加舞弊成本

降低管理层舞弊的内部控制点

对于财务负责人来说，审批流程的设置把控是重中之重。对于公司来说，合理的组织架构设置、内审内控举报机制制度健全是相当重要的。在制度上、管理上、意识上以及舞弊成本上进行规范、完善。

管理层舞弊和内控涉及深刻的利益纠葛和人性考验，愿本文抛砖引玉，与更多同行共同探讨应对舞弊的最佳实践，让公司治理更完善，让财务人更安心。

6.4 案例解析：高潜员工离职，竟因其两年未拿到奖金

本节讲述销售奖金设计。在开始之前，我想和大家分享一个小故事。

高潜员工小王离职了，他是公司的明星销售经理。有的伙伴会问：什么叫作高潜员工？高潜员工是组织中进行重点发展和培养的有潜力的员工（3%~10%）。

一般来讲，公司希望高潜员工的离职比例控制得比较低，比如低于 5%。他离职之后，我们在做销售奖金的分析中发现，小王竟然有两年几乎没有拿到销售奖金。小王的薪资比例中，奖金收入占他总收入的 30%~40%。大家可以想象一个上有老下有小的优秀销售经理，不仅不能拿到相对较高的收入，竟然常常拿不到全部的工资，这是一种什么样的体验？

接下来，我们具体看了他的销售奖金细节：他负责两个重要的区域：a 和 b。b 区域占他销量的 25%，a 区域占他销量的 75%。他负责的 a 区域在年初指标敲定之后市场环境突变，他的团队走了很多人。管理层都能够理解，这些变化并非小王可以左右的，更多的市场波动。

小王在遭遇市场波动之后，作为一名优秀的销售经理，他通过种种方法，帮助其团队成员多拿一些奖金，但考虑公司的政策，他牺牲了自己的奖金收入。

小王离职之后，有一次我和事业部负责人讨论奖金分析情况，我问他：你知道小王他有两年都没有拿过奖金吗？

事业部负责人听到这句话，一下子愣住了，许久没有说话。过了半晌，他说：我大概知道，但我不知道具体的情况。

接着，我和事业部负责人分享了小王销售奖金的情况。我们都知道他在a区域非常艰难，但其实他在b区域做得还是很好的，而且是超额的完成。但是，根据目前的奖金计算方式，小王要保证a、b两个区域的总和达到起奖线（即可支付奖金的最小达成比例）后，方可获得奖金。a区域的窟窿太大，导致小王的奖金全军覆没。

接下来，我们两个一起复盘了小王这个案例，其中折射了管理中一些疏漏：

①在组织中，我们缺乏销售奖金的分析和复盘机制，以致在长达两年的时间中，大家都没有关注到小王的情况；

②在组织中，对高潜员工的关心更多是形式上的关心，而缺乏实质性的关怀；

③销售奖金缺乏动态调整机制，以致在市场出现巨大波动后，不能有效激励团队；

④在销售奖金之外，奖励体系、升职体系也未综合考虑人才的发展因素、薪资情况等。

业务负责人认真地听着，陷入了沉思。他坐下来对我说，我们可不可以再讨论一下奖金方面，我们可以做些什么？

6.5　奖金设计的三要素及管理流程

在讨论奖金设计方面，我们可以做哪些事之前，我想先分享一些奖金设计的基础理论。

首先，薪酬分为短期激励与长期激励。奖金属于短期激励，股权等属于长期激励。鉴于本书篇幅，我们仅以销售奖金一项为例，管中窥豹，探索其财务管理之道。

设计销售奖金的三种主要形式

1．提成或佣金（Commission）

根据达成的销售收入、数量、利润等的百分比进行提成。例如：如果每产生 100 万元的销售额，销售人员可获得 10% 的提成，即 10 万元。

2．奖金（Bonus）

基于业绩目标的奖金。例如：双方事先约定指标为 100 万元，达成 100 万元销售业绩后，该销售人员可以获得 10 万元。

3．销售激励（Sales incentive）

提成、奖金、旅行、奖励等激励，可为现金或非现金形式。

提成和奖金的区别是什么？是否存在销售指标。可以看到，提成体系是不需要制定指标的，只要你完成一定的销售额，就可以提成，但是奖金体系是需要设定销售指标的。

奖金设计的三要素

①销售指标。

②奖金计划（因子）。

③经济有效性。

有经验的销售人员，在面试一家公司的时候，他不会问：你们奖金的计算方式是怎样的？超出指标的部分，斜率是多少？他们会问：你们的区域有多大，指标多少？指标成长率是多少？指标达成有望吗？

基于指标的奖金方案中，方案本身永远不是第一位的，指标才是。

什么是经济有效性呢？

我给大家举个例子，有一次我们拆解了一个新收购团队的销售奖金曲线。拆解之后，惊讶地发现，在某一个点上（总指标的96%），这位销售同事多为公司带来4 700美金的销售额，会得到7 000多美金的个人销售奖金。

当时我倒吸了一口冷气，心中默默祈祷这位同事千万别做到这个点，做到的话，公司还要倒搭钱给他。

这就是经济有效性。奖金设计，要考虑公司的经济效益的可负担性和投资回报，这一点是财务特别要把握的。

奖金设计8因子有哪些呢

1. 奖金计划适用团队

谁参与，谁不参与。在公司中，通常会有不同的奖金政策，例如销售团队奖金政策、市场团队奖金政策、后勤团队奖金政策。不同的群体，适用于不同的奖金政策。举个例子：事业部负责人适用于销售奖金政策还是管理团队奖金政策呢？他的奖金和当年的销售收入挂钩吗？

很多人可能会说：那当然挂钩了。这还真不一定。事业部负责人属于高管，公司为了激励其用更长期的视角做决策，可能仅有少量的挂钩，更多是用一些长期的激励因子。

再比如说：事业部老板的秘书，她适用于什么奖金政策呢？如果和销售一致，那她对销售确实没有直接的关联，但是如果和后勤同事一致，事业部的红利又无法享受。

因此，做奖金的第一步，是要把不同职业的人划入相应的奖金政策体系之中。

2. 奖金计算池

通常来说，奖金计算池分为 2～3 个奖金池。什么叫奖金池呢？就是把 100 分的奖金，分成几个池子，那不同的池子，有完全不同的 KPI 和计算方法，以作为不同的激励。

奖金池的比例，通常为三七开，或者六三一等。占比较大的，通常是总销售达成，占比较小的，可能是其他的激励方案。

3. 业绩衡量

业绩衡量的 KPI，例如按照销售额、利润额还是利润率？

有了奖金池以后，就要有一个考核指标 KPI。通常来说，会有哪些 KPI 呢？

a）总销售指标、b）新品销售指标、c）利润指标、d）毛利指标、e）重点客户群指标、f）重点产品指标、g）回款、h）坏货率、i）销售拜访的次数、j）客户满意度、k）公司内部考评，等等。

每一个奖金池，会有不同的 KPI 和玩法。比如：三七开，70% 占比的奖金池 1 是按总销售指标考核，30% 占比的奖金池 2 是按照新品的销售指标考核。这样，即使你的老产品销售额再高，新品不达成，也是很吃亏的。这样就促使销售同事去卖新品。

4. 起点、终点、分段与封顶：起付点，终止支付点，封顶奖金规则，分段规则

为了了解这些概念，请看以下案例。

某销售奖金计划如下：

奖金起点，达成率 80%，支付 30%。这是什么意思呢？假设，季度销售指标为 100 万元，销售同事的目标奖金为 2 万元，那么就是说，

销售实际达成为 80 万元及以上，销售可以开始获得奖金，如果 80 万元以下，销售获得不了任何奖金。

终点呢？这里是达成 130%，支付 190%。也就是说，如果季度达成在 130 万元及以上，销售奖金为 3.8 万元。超出部分，不多支付奖金。

可能很多伙伴会问了：为什么会有这样的政策呢？一般来说，这种政策有多种考虑：一方面，考虑经济性，避免因指标分配不合理而导致奖金过多支付。另一方面，也不建议进行过多压货等行为。但这种政策也有其局限性。例如：几乎没有销售会做到 130 万元以上的销售额。

分段：这里分了一些不同的段，每一段的支付和斜率都不同。

#	达成比率	支付	斜率
起点	80%	30%	
阶段1	80%～85%	30%	
阶段2	86～89%	40%	
阶段3	90%～94%	70%	
阶段4	95%～99%	90%	
中值	100%	100%	
阶段5	100%～130%	100%～190%	3.00
终点	130%	190%	
加速器	无		
佣金	无		

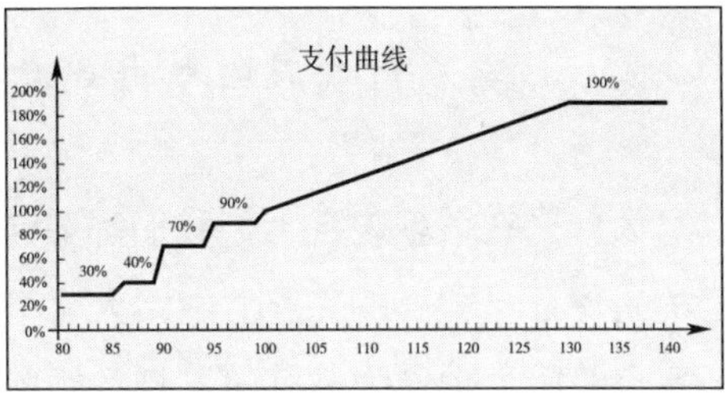

销售奖金支付计划示例

5. 斜率

每一段的斜率为多少，即达成比例每增加 1%，奖金增加多少？

在案例阶段 5 当中，如果达成率为 100%，则支付 100%；也就是说，达成 100 万元，支付 2 万元。若达成 130%，支付 190%，其斜率计算如下：

斜率 =（190%-100%）÷（130%-100%）=3

6. 支付频率

季度支付还是年度支付？

刚刚的计算只是一个应付的概念，与实付是有区别的；比如说，公司会规定支付频率，每季度发放一次、仅年度支付一次、季度支付加年底调整，等等。

7. 支付条件及扣罚

回款后方可支付？季度超出部分年度可以扣罚？

支付条件也很有讲究。有的公司规定回款后方可支付；有的公司规定年度计算时会扣罚部分季度未达成的部分，相当于把季度达成统一成了年度达成。

8. 加速器，减速器及挑战指标：挑战指标之下的双斜率曲线

有些公司会规定：如果你达到某种条件，你的斜率会升高 1 个点，例如从 3 变为 4，或者降低一个点，从 3 变为 2。该条件通常和挑战指标协调使用。

奖金计划在组织内部流程上的最佳实践

为什么在很多内容上，我们都要详细分享流程上的最佳实践呢？目的是保证步骤上的完整。我给大家举个例子：我的先生带我女儿骑行复杂路段，他作为教练是这样教她的。

我先生说：宝宝你看，前面这条路看着没什么，但是事实上，在路的右侧有一个小区门，这个门会有机动车突然冲下来。那么到这样的门口之前，你需要有怎样的行动呢？

第一，无论是否看到机动车，在到这样的门口之前，必须减速。第二，观察瞭望，是否有机动车在排队等待出闸。第三，等到无机动车后，再通行。

你看，本来我女儿可能是要硬闯的，但是当她了解流程步骤后，每一次再到这样的复杂路段面前，她都处理得当。这就是流程的力量。

在奖金过程中，我们常遇到的情况，就像小王的案例一样，没有奖金的事后分析，没有临时奖金变更的体系和流程，导致我们在管理时横冲直撞。

接下来，我们一起来看一下某事业部奖金的分配流程。奖金分配

流程分为年度、季度和机动。

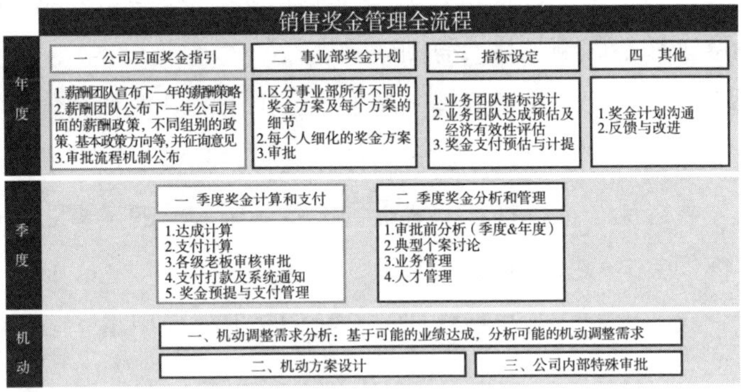

销售奖金管理全流程案例

许多公司是不建议制定机动奖金制度的，因为影响公平。这也有一定道理。因此，需要根据公司实际情况和文化而定。

奖金预提会计分录计算

这个部分也是财务工作的一个难点，因为很难计算准确。通常来说，我们计算时会先按大团队划分（不建议按人，有效性差）。

接下来，我们会根据奖金实际支付来预测季度、年度等的达成率。这些预测一般要和滚动预算一致，或有较为合理的内部审批。

最后，根据奖金计算规则来计算当期的预提费用金额，并在年度支付后一次性冲回之前多预提或者补提缺失的部分。

销售离职前，最舍不得的是管理的温度

在奖金分享的最后，我想分享一个让我颇为触动的真实案例。有

一年，一位高潜销售经理离职，给了业务负责人很大的触动。业务负责人希望能够挽留他，就和我说："你和他关系不错，你能不能从朋友的角度去和他聊聊，是否有回转余地？"

那天，我和那位高潜经理一起聊了三个小时。他和我分享的一段话，让我印象深刻。他说："月思你知道吗，其实在是不是要走这个问题上，我经历了很多挣扎。我最舍不得这家公司的是事业部负责人和你，你们会关心我的奖金。"

有一次，他的任务有特殊情况，我们帮他提前申请了临时奖金计划变更。

他和我说："你是知道的，我老婆是全职主妇，还有两个孩子，都很小，我的工作压力和经济压力都不小。上次的事，虽然钱不是太多，但是对于我们家来说，还是很重要的。"

他老婆也和他说，其实钱还不是最重要的，重要的是背后的管理团队，一直都有在关注员工的收入，关注员工的个人得失。有了这样的关心和温度，才让员工毫无顾忌地在前方去冲市场。这让他知道，只要他努力做了，就会有人帮他着想，不让他个人吃亏。这样的管理温度，以后到任何其他一间公司，都很难再有了。

他的话让我深深明白一个道理：奖金管理的工作，不仅仅是一个流程，一份工作，更是温暖与关怀，让管理充满温度。当我们坚持去做这样的工作，时间越长，越能体会工作的意义。这就是财务 BP 工作真正的魅力所在。

6.6 创业公司财务的五大关键词

前面，我们探讨了成熟公司的财务的具体工作。在本章最后，我想分享一下创业公司，或者说市场急剧变化下，业务探索阶段公司的财务打法。

分　析

创业公司，分析比预算重要。创业公司的第一个特点是野蛮生长，探索赛道。创业公司是：没产品，没市场，没渠道，没客户。

与此同时，创始人还要面临远超出他之前能力范围的工作。在这个过程中，探索赛道和商业模式，成了创业公司最重要的工作之一。

业务的需求，是快速探索赛道的可能性。成功，就继续走下去，不成功，就快速止损。这时候财务怎么做?

①快速有效的财务分析。

通过数据分析，让创始人对业务更有方向感，可以做出更快速、基于事实的判断。

②通过有效复盘，学习更多创业经验。

创业的成功，不仅源于一次赛道的偶然成功，更源于组织能力支持下的持续创新。

财务通过有效的流程设计，提高组织分析、复盘、行动转化的能力，对组织的帮助会非常大。

③弱化数字，强化行动。

创业初期，定一个指标，例如明年我们要完成1 000万元的任务。这个1 000万元本身意义不大。因为绝大多数情况下，这个指标和最终达成之间，没有什么关系。

我们可以弱化1 000万元，也无须刻意将1 000万元与团队奖金挂钩。相反，强化行动方案和复盘机制，盯着团队向前、向前、向前!错了就改，对了就上。

④商业计划书（Business Plan），不就是战略预算吗?

创业组织，需要的是准确放弃的能力，是经验快速积累的能力。

与预算相比，财务先在分析上下苦工，快速反应，成效会更大更快。

现 金 流

创业公司的第二大特点：现金流特别容易断。

前几天，我和一些创始人闲谈。

一位创始人谈到他人生最落魄的日子。创业时间不长，初始投资就消耗得差不多了。他抵押房产，和家人吵翻，四处借钱。最后，靠着朋友的钱，强撑了过来。

创业几年，几次资金链断裂，成了人生最可怕的经历。绝大多数创始人，并非财务出身，对财务和现金流了解有限。

财务要做的工作是帮助创始人：

①开源。

帮助创始人多找一些财务顾问，拓宽融资渠道，有效融资；在大部分情况下，尽可能积累现金流，以防不测。

②节流。

做好费用预算，合理支出，避免过度乐观，把好钢用在刀刃上；

③现金流预算。

有效规划现金流，至少创始人要做到心中有数。

通常来说，创业公司现金流储备建议不少于 6 个月，因为完成一轮融资，通常需要半年左右的时间。

通过现金流预算，让创始人每个月清楚了解公司的现金，告知还能支撑多少时间。在最坏的情况下，可能会出现哪些情况，公司是否可以应对。

有时候，创业是熬出来的。时间再久一些，希望可能就在下一刻出现。

账　目

创业公司，能把账做对，已经是顶级水平了，这不是玩笑。

有人说：我现在在一个创业公司里面，遇到的困难是前期账没做清楚，基础数据不健全，加上内账外账数据不统一，没法分析和预算。

对于账目不清，创业团队是不是要先把账目梳理得很清清楚楚才能进入分析时代呢？我的建议如下：

①**组织能力建设：账目不清，要从人抓起。**

从创始人到财务团队，再到外部咨询顾问，先人后事，提高自己对财务的认知和财务管理水平是根本。

在组织不同时期，财务人员的配置、系统配置要不断跟进，至少要满足财务最低线。

有一位财总分享说，他们的企业已经到了创业中期，销售额在10亿元左右，但是企业的生产仍然无法准确结账，导致误判成本单价。结果，多次大单报价失误，损失巨大。公司在系统和财务人员配置上长期不重视、不匹配，导致重要时点卡脖子，望大家引以为戒。

②**并非需要完美的账目，才能开始财务分析和预算。**

分析有许多个小模块，可以用小模块快推进的方式，快速迭代进行。

先做一个简单的手工分析报表，给到业务实际使用，看看哪些维度、哪些数据是最有用的。再倒推需要的原始数据采集，报表生成和系统升级。

③业务分析，借助大平台数据，公司端专注分析行动。

例如：电商平台中，阿里系的数据面板是最好的；自媒体中，腾讯系的数据是最好的。通过平台收集的基础数据，分析面板，作为分析的基础。团队定时分析，提炼要点，指导行动。

例如，我做自媒体的过程中，虽然擅长分析，但是我从不做报表。我完全借助各自媒体平台报表，每日看数据，找方向。当我在公众号平台看到我的粉丝画像中女性比例较高之后，我开始运营小红书平台。事实证明，小红书比抖音更精准，因为小红书的女性粉丝较多。

在这个案例中，我并未把有限的时间放在报表本身。而是在模糊数据分析上，每日看数据，分析转化。借成熟平台之力，借力打力，同样也能达到分析的效果。

投　资

创业公司最重要的工作，是找人。找到志同道合的人，合适的人，优秀的人，才能在根本上，跑赢模式，跑赢赛道。

投资上，该花的地方，不手软。不该花的地方，不乱花。这个度，财务要把握好。

奋　斗

有人说：创业是持续的冒险。非常痛苦，但痛并快乐着。

创业的乐趣，在于不断探索，野蛮生长，体验从 0 到 1 的成就感。

财务身在其中，亲历公司成长，从公司几个人见证公司到几十个人、几百个人。在这个过程中，也有了自己事业上的长足发展。

如果，创业公司的财务伙伴们：

- 可以把一周一变的心情大回环，变成一种快速出“大数”的能力；
- 可以把从无到有的内控、税控体系搭建起来，即使不完善，也完成了突破；
- 可以陪伴老板，走更远的路，彼此也更亲密。
- 那这样的工作经历，将成为一种快乐与收获。

第7章 业务综合实战

7.1 了解业务能为BP带来什么

在孙正刚的咨询中，我印象最深的是他对了解业务本身的疑虑。为什么要花这么多时间了解业务？了解业务到底要了解哪些内容，了解到什么程度？如果我花了这么多时间去了解业务，对我的工作有怎样的帮助？如果一个财务要深入了解业务的话，那还要业务做什么？

相信这些问题并非孙正刚一个人的困惑，也是千千万万财务BP们的困惑。一方面，大家对BP需要了解业务这一项深信不疑；另一方面，大家在现实工作中，又因为时间、资源、组织等限制，对了解业务的结果半信半疑。

要回答“了解业务能为我们带来什么”这个问题，我们需要回到财务BP的12大抓手上。

财务通过哪些方式，增加企业收入利润？	
1.预算	7.奖金设计
2.分析	8.成本管理与控制
3.定价	9.投资与筹资
4.市场分析与资源配置	10.制度设计
5.合同管理与信控	11.风险管理
6.税收筹划	12.组织与人才

财务BP的12大抓手

在12大抓手中，几乎每一项内容，尤其是定价、市场分析与资源配置、奖金设计、筹投资以及制度设计，从根本上说，都是业务的范畴。财务在其中扮演的角色，通过数字化等综合手段，作为业务管理者、军师、教练为业务团队提出建议。

换句话说，财务 BP，是一个拥有财务技能的业务管理者。

作为一个业务管理者，我们不仅要懂业务，还要懂业务的方方面面。但我们无须亲力亲为去一线跑单，因此我们所需要懂的，更多是结合自身工作相关的业务。

下面通过一些例子，说明哪些是财务 BP 需要懂的业务重点，哪些不是。

财务 BP 一定要懂的业务重点	财务 BP 不必懂的业务重点
销售指标的合理分配。 经销商的价格政策、激励政策、合同签订过程中的风险把控。 销售奖金设计。 市场费用等资源如何合理分配，市场活动的效率效果监测。 产品研发的项目立项审查，等等。	销售技巧，客户维护。 经销商的选择、谈判。 团队招聘。 市场活动的筹备、举办。 产品研发实操，等等。

通过这一举例，大家可以看出，财务懂业务的方向更偏全局、偏数据维度、偏制度设计、资源配置而非业务实操或专业业务方向等。

其实，这也正是许多人喜欢做财务 BP 的原因之一。财务 BP 是最接近业务顶层设计和顶层思考的管理岗位之一，同时，又不需要身体力行去做业务，是一个非常有挑战，又有意思的职位。

综上所述，财务 BP 在是不是要懂业务这个问题上，无须怀疑，更无须忧虑我花了时间是否会有回报这一问题。了解业务，是一个漫长的过程，可能要几年，几十年，效果也是逐渐显现。正如我对孙正刚说：懂业务是做财务 BP 的正途，这个世界上成功的 BP 都已一一验证，我们无须怀疑，只要坚持即可。

7.2　业务敏锐度：财务人该从哪些方面入手

现在，我们已经统一了认识，理解了了解业务的重要性。接下来，可能读者问得最多的问题是：了解业务，我该从哪里入手呢？我总结了五个方面。

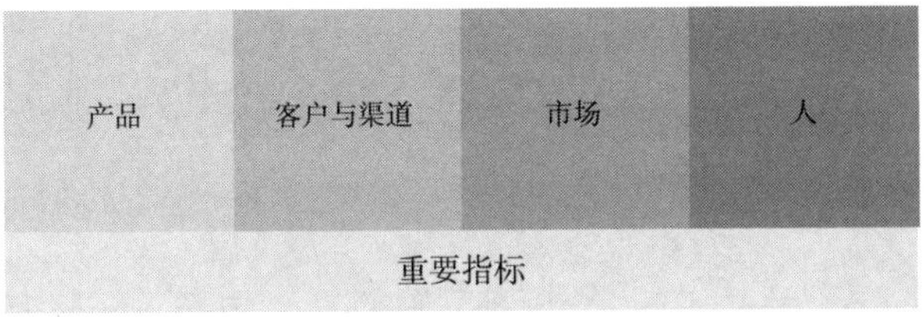

第一：产品。产品知识培训，产品价格、特性，产品的价值，竞品情况。

建议：参加销售产品培训。

第二：客户与渠道。客户细分，渠道，主要客户情况，客户的商业模式。

建议：亲自拜访客户经销商，走入一线。

第三：市场。市场容量、市场份额，主要竞争对手情况，本公司及对手的商业模式，对手的团队与财报。

建议：参加市场活动。

第四：人。组织架构，重要负责人履历与性格，各部门职责与配合。

建议：联系人，常沟通。

第五：重要指标。

- 收入：过去五年和未来五年的产品线和成长率；
- 毛利率、费用率与净利率；
- 应收账款账期与坏账；
- 团队人数、人均单产、销售与经销商过去三年完成的情况；
- 现金流。

建议：整理内部报表、业绩分析 PPT 等。

如果我们能在客户面前自信地介绍本公司的产品，能够对我们的客户如数家珍，能够清楚市场情况，认识了解团队的人，和他们建立联系，并且对业务的数字了如指掌，那我们已经朝着合格的 BP 迈进了一大步。

7.3 商业本质：是为客户疯狂地、长期地创造价值

作为一名合格的 BP，全面地了解销售、市场、团队等还不够，还要触及本质。只有深刻把握了商业本质，才能把握财务投资的根本逻辑和商业的底层思维。

那什么是商业的本质呢?

商业的本质是为客户创造价值：长期地、疯狂地创造价值。

过去，我常在抖音上看到高瓴创投创始人张磊谈价值。但作为一个财务人，我却很难体会价值的真正意义。直到我做了悦财，自己成了业务创始人，才真真切切体会了价值的意义。

悦财创办初期的商业模型

我们有一个顶端引流入口，是媒体。在媒体之下我们形成“课程 + 咨询 + 会议”的收费模式。在这个模式之下，社群更多是作为一个从属产品，但并非我们的收入来源。

悦财的社群，最早是在无意中创办的，慢慢地，有很多人加入，形成了今天的财务 BP 之家。随着群人数的增多，我们发现，许多人非常喜欢这个群。悦财的每一个群，几乎每天都是几百条甚至上千条的讨论。

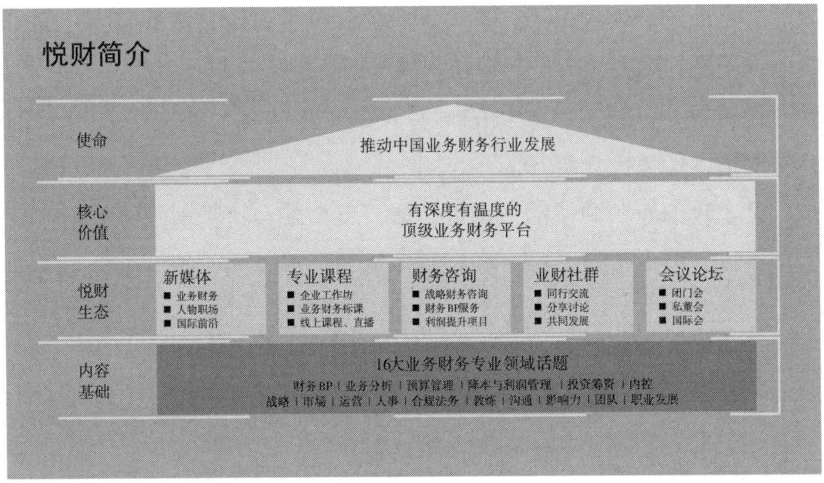

悦财创办初期的商业模型

慢慢地，许多人变成了很熟悉的朋友，在群里吐槽老板，探讨学习，讨论 BP 的问题，甚至在群里征婚，自发线下聚会，等等。

那个时候，我们发现悦财群是一个很不一样的地方，大家非常依恋这个群，也在群里获得很多价值。但是群是很难收费的，做群对我们来说，并没有真正的价值。

换句话说，在悦财早期，群对悦财的客户来说，是非常珍贵、非常有价值的。然而，对于悦财来说，群没有价值。

但是，基于大家的喜欢，我当时并没有从收入出发，而是从客户出发，专门在志愿者团队中成立了一个新的团队——群管理团队。这个团队有 7 个人，负责整个悦财群的管理，分享与活动。

后来，悦财群给了我们莫大的助益：一方面，悦财群快速助推了悦财的媒体阅读；另一方面，悦财群的讨论又成了媒体内容的重要来源。悦财的广告收入、咨询收入等都来自悦财各个群。

群，成了悦财的一个核心。

为什么会这样？因为群，为我们的客户提供了最大的价值。

仅仅通过公众号、知乎、小红书阅读一篇文章，大家的收获是有限的、平面的。但是群不一样，大家会在群里讨论文章的应用，抛出自己的问题，然后大家一起解决，甚至还有伙伴在群里找房子、征婚。悦财通过群，从过去文章类的一对 N 的一元传播，变成了 N 对 N 的社交网络，价值大大增加。

只要我们为用户长期地提供价值，用户就会紧紧地围绕在我们身边，为我们提供价值。这一刻，我理解了张磊说的：问一个创始人能做多少收入？不知道。能做多少利润？没想过。创始人说，我只是知道我如何为客户创造价值，这就足够了。

一个公司，只要找到为客户创造价值的方式，并始终坚持不懈地去做，从长期看收入和利润必将回归到公司之中。反之，即使它有再强的筹资能力，在历史长河中，都会变为沧海一粟。

这个道理也同样适用于财务 BP 的工作。财务 BP 为我们的业务客户创造越多价值，自己的价值才会显著增加。所以我们要做的，就是不断创造价值。

做生意的逻辑，其实无比简单。就像张磊说的：一个是提供价值，一个是长期主义。真正为社会提供价值的企业，必将长盛不衰。

7.4 熟知市场：财务人了解业务的最佳切入点

既然财务人要全面地了解业务，就要深入业务。但业务是有很多团队，很多维度的。

销售团队，关注点在客户、在成单上。他们通过一单一单地与客户沟通，完成销售闭环，增加销售收入。

市场团队，关注点在市场、在活动上。他们是销售的脑，他们指哪儿，销售打哪儿，他们通过策略和资源配置，来增加销售收入。

经销商团队，关注在经销商的选用育留。通过经销商的紧密配合，完成分销、回款、库存分担等工作。

那财务了解业务的最佳切入点是什么呢?

首先，财务想了解业务的最佳切入点，并不是通过跟销售跑客户得来的。

做业务，你必须冲在一线跑客户。然而，做财务，第一，我们不擅长跑客户，只是走马观花地跟着，并不能实际了解客户需求，形成解决方案；第二，跑客户要耗费大量的时间，而最终得到的价值却非常有限。

我们在7.1节讨论过：财务了解业务的方向更偏全局、偏数据维度、偏制度设计、资源配置而非业务实操或专业业务方向等。这个最佳切入点是：市场。

了解市场的第一步，是了解市场模型。

市场模型中包含公司收入、市场总量、市场潜力和进入障碍。

◆ 公司收入：公司全年的销售总额。

◆ 市场总量(销售额)：所有厂家销量之和＝市场平均单价×市场总数量。

◆ 市场潜力：有能力购买且符合条件购买的人全部购买商品的市场总潜力。

◆ 进入障碍：阻碍销售最后达成的因素。

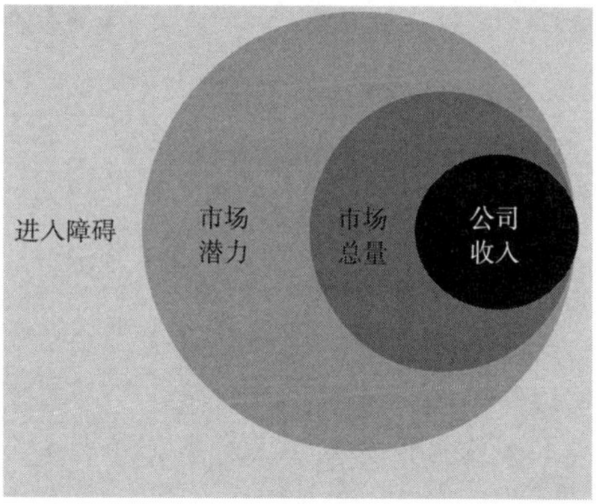

市场模型四要素

在此，分享一个最简单的市场模型模板。

◆ 客户分层（将整体市场分为A,B,C三个不同的市场分层）。

◆ 不同市场的市场容量，市场增速。

◆ 不同市场的对手情况，竞争情况。

◆ 本公司的竞争优势等。

中国某产品市场模型													
市场	市场容量			市场成长率		本公司收入			本公司成长率		本公司市场份额		
人民币	2019	2020	2021	2020	2021	2019	2020	2021	2020	2021	2019	2020	2021
A													
B													
C													
总计													

	营业额			市场份额（营业额）			数量			市场份额（数量）		
	2019	2020	2021	2019	2020	2021	2019	2020	2021	2019	2020	2021
本公司												
对手1												
对手2												
对手3												
市场总计												

市场模型基础模板

财务在了解了这些方向之后，可以快速了解所在的市场全貌，以及各个细分市场的情况、对手状况。这些仿若一幅宏大的画卷，向我们徐徐展开我们所深耕的这个行业和这个领域。

我建议，财务同事可以以此作为突破口来了解业务，做出战略和方向性的判断。

7.5 扩大收入：四种收入翻倍的方法

市场模型的内容，几乎贯穿了经营的始终。例如一个最经典的问题：如何增加销售收入？所有的秘笈也藏在市场模型之中。

扩大收入主要有以下四种方法：

- 选准赛道，躬身入局（市场分层）。
- 做大蛋糕，市场扩容（扩大市场总量）。
- 抢占份额，痛击对手（增大本公司收入，抢占市场份额）。
- 消除障碍，触达客户（消除障碍）。

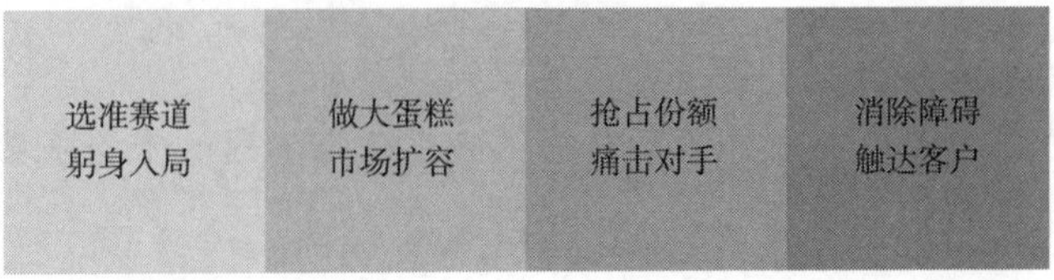

扩大收入的四种方法

这四种方法，几乎一一对应了市场模型的要素。接下来，我们要直面问题，通过商业案例、古人智慧，一起探讨扩大收入的方法以及对市场的思考与实践。

选准赛道、躬身入局

曾国藩《挺经》一书的第一诀：入局。

曾国藩曾说，在局外呐喊助威也好，谩骂诋毁也罢，冷静下来一想，是没有任何意义的。你不在局中，始终无法感受身处其中滋味。

也就是说，成功的第一步是入局。我们必须知道该入何种“局”，该怎么“入局”。

入局，是选择赛道；躬身入局，是谦卑地、敬畏地，带着大无畏精神去选择赛道。

躬身入局，是做产品，选市场，布渠道。在新领域中，施展腾挪。

那么，新产品是如何开发的？在选择赛道的过程中，该如何布局市场，寻找细分客户呢？

案例1：痛点刚需

许多人做产品都不成功：要么，没有击中客户痛点，没人买单；要么商业模式无法承接，实现不了企业利润。那么如何提高产品的成功率呢？

360 CEO周鸿炜说过，做产品就是找到客户的痛点和刚需，然后做一个产品解决它！

这里面有两个要点，一个是客户痛点，一个是痛点刚需。

刚需和非刚需的区别是什么？

非刚需的价值明显低于刚需，商业模式不容易成功且不容易长期存在。

举个例子：心脏支架对于心肌梗死的病人有救命的功效，是强刚需。

而在医疗上，有一些类似营养剂类的药物，我们叫作非必需产品。这些产品在某些时点因为某些原因，风靡了一段时间。但不久这类产品就逐渐销声匿迹，甚至会退出历史舞台。因为从根本上来说，他解决的问题有限，产品价值有限。

案例 2：抢占新赛道

入局，还需要有效甄别市场，选择细分客户群，并提供强有力的解决方案。拼多多就是这方面的高手。

许多人说，拼多多的成功源于超强的低价抢占市场份额的能力。殊不知，拼多多的成功，始于下沉市场的赛道选择。

拼多多瞄定的是“长尾”客户。这些客户的特点是：闲暇时间较多，而且价格敏感，有足够的时间为了几块钱的差价而周旋。

针对“长尾”客户的特点，拼多多通过“拼单 + 低价”模式，加上微信的裂变和传播，快速挺进了电商过往并未普及的新市场，以后起之秀的身份直指阿里巴巴，缔造了电商神话。

案例 3：布局新渠道

入局，不仅仅是产品创新，也可以是渠道创新。特斯拉就是典型的双创新入局：它不仅率先布局了电动汽车赛道，而且在汽车销售界采用了新的渠道模式——直销。

过往的汽车销售是经销商 4S 店的商业模式。而特斯拉通过线上营销加线下体验的独特模式，去除了经销商环节，优化利润。再通过成本优势，打价格战，强势冲击汽车市场份额。

布局赛道的主要方式：

- 研发新产品。
- 兼并收购。
- 构建新的商业模式。

- 拓展新渠道。
- 开拓新区域、市场。
- 开拓新的细分客户、产业客户。

布局赛道需要的能力：

- 捕捉客户需求，找准客户痛点，痛点刚需。
- 研发能力强，有独特性。
- 专注于核心竞争优势。
- 有效构建商业模式。
- 较强的组织布局能力。
- 企业家精神：坚韧不拔，愈挫愈勇。

做大蛋糕、市场扩容

拥有了产品之后，市场先驱者面临的是市场拓展（market development）问题。

什么是市场拓展？没有人用电动汽车的时候，即使特斯拉市场份额为100%，生意也是杯水车薪。首先把电动汽车这个行业总量做起来，这就称之为市场拓展。

市场拓展，面临了诸多问题：如何提高消费者认知？种子用户认知后，如何实现快速裂变？如何通过前期市场导入，快速迭代产品？

案例1：市场扩容

特斯拉进入电动汽车市场面临的第一个问题，就是把整个电动汽车的市场做起来，充电桩做起来，形成规模效应。

2014年6月13日，特斯拉CEO埃隆·马斯克发表题为“我们的所有专利属于你”的博文，文中写道，我们本着开源运动的精神，开放了我们的专利，推动电动汽车技术的进步。

特斯拉采用“协作竞争”模式，通过专利开放，赋能电动汽车生态圈：有选择地与竞争对手分享最新研发成果，形成行业共生，构筑电动汽车行业生态圈的旺盛生命力。

案例 2：快速裂变

形成少量种子用户的认知后，全世界的运营人都在寻找快速裂变的方式。

裂变是什么？裂变就好像病毒传播，通过 100 个客户，变成 10 万个客户。

某宠物类公众号，从 0 做起，23 天吸粉 3 万，他们是怎么做到的？

在开启公众号之前，他们在百度贴吧、新浪微博、公众号等平台寻找了 4 800 个大 V 作为关键干系人。这些人拥有大量粉丝。通过一对一的联系与商业合作方式，请他们来推荐植入该公众号的文章和品牌。

公众号开启后，连推 10 篇高质量的文章，精准吸粉。通过“内容 + 关键干系人传播”的方式，用了 23 天的时间，吸粉 3 万精准粉丝，缔造了业内让人羡慕的裂变神话。

案例 3：产品惜售

客户认知有了，客户数量有了，到了产品销售环节，是不是销售冲上去拼命卖就成了呢？有时候是，有时候也不是。

《运营之光》作者黄有璨分享了他作为“三节课”创始人，在创业初期课程惜售的故事。“三节课”在课程售卖初期，不仅没有吹嘘自己的课程如何有价值，相反，他们对买课的人反复告知自己的课程不包就业不包会。黄有璨说，如果这样他还愿意买，那他就是你寻找的精准客户，而且期望值已经有所降低。

通过服务好第一批精准客户（而非大众客户）的方式，在过程中逐渐打磨产品，形成良好的口碑转化。

“三节课”的方法是把速度降下来，品质提上去，时间线拉长，做口碑精品。

市场拓展的主要方式：

- 提高市场认知。
- 市场及消费者教育。
- 大量的市场投入、广告投入。
- 快速裂变传播。
- 种子客户的深入辅导、培训。
- 种子客户的口碑转化。
- 团队、经销商从0到1的培养。
- 产品打磨迭代。

市场拓展的注意事项：

- 市场拓展需要一个相对较长的过程，并且前期的投资回报率不够理想。
- 市场的头部公司，会有较大的资本、耐心、技术和团队来进行市场拓展。
- 当市场较为成熟后，非头部公司往往也不愿意花钱去做市场拓展，因为与抢夺市场份额相比，市场拓展的经济效益相对较差。
- 市场拓展时期的产品可能不够稳定。针对不稳定的产品，采用“惜售＋打磨”模式，把速度降下来，品质提上去。
- 战略忍耐力。

抢占份额、痛击对手

什么是市场份额?

市场份额 = 本企业销售数量（金额）÷ 市场同类产品的销售总量（金额）

当市场达到一定规模之后，所有的竞争者就开始在这块蛋糕上激烈厮杀，以换取更大的市场份额。

争夺市场份额，往往是成熟市场中企业最重要的目标。

甚至许多公司不惜牺牲利润来换取市场份额。因为，市场份额左右市场格局。

如何有效增加市场份额呢？

1. 资本碾压：价格战

纵观市场份额争夺战：无论是早年淘宝通过免费模式颠覆 e-bay，还是小米的成功，再到如今的拼多多，价格战几乎是最快最有效获得市场份额的方式。

在中国，特斯拉利用价格战，快速获取市场份额。每一次开售，特斯拉的定价都冲破消费者的心理预期。

特斯拉的 Model Y 价格从 50 万元档调为 30 万元档降价发布后，不少车主连夜退订了此前认购的车型，转投特斯拉。特斯拉官网甚至一度瘫痪。利用价格，特斯拉很好地与对手形成近身肉搏。

而价格战的背后，往往是疯狂的资本碾压。

2. 产品碾压

抖音的创始人张一鸣曾说，如果你的系统效率比对手高很多的话，那么单纯烧钱（资本碾压）能产生的竞争力是很小的。

过硬的产品，是公司最重要的王牌。

3. 管理（实力）碾压：制度 + 人

孙子兵法，对战争胜负的认知，是实力碾压。

出战之前，要反复衡量对比，确保胜算：先胜后战，赢了再打！

而如何增强实力呢？制度 + 人。制度背后的推手是谁呢？人。

无数事实证明，有效增强团队的能力，合理布局组织，是中长期提升业绩最有效的方式之一。

需要注意的是，管理碾压，有点类似曾国藩的战争策略：结硬寨，打呆仗。过程比较笨，但却是最有效的通路。

4. 等待对手犯错

《孙子兵法》中说：可胜在敌。意思是，敌人不失误，我们就没法赢。

想当年，如果不是IBM犯了错误，也就不会有微软公司的发展！（当年IBM居然没有和比尔·盖茨签独家软件协议，而让微软一举成功）

想当年，如果不是e-bay犯了错误，也就不会有淘宝网的发展！（不了解中国的国情，再加广告策略的错误）

这里，并不是所有对手犯错都会成为己方的优势，还有三个重要的步骤：

◆ 有效的机制，可以快速识别对手犯错（公司的业绩分析体系完整健全，团队激励机制合理）。

◆ 合理的机动资源预留，应对对手犯错后的反攻。

◆ 组织机制、激励机制灵活，让冲锋者无后顾之忧。

抢占份额的主要方式：

◆ 价格优势。

◆ 产品优势。

◆ 制度优势。

◆ 管理水平显著高于对手。

◆ 构建优秀团队。

◆ 等待对手犯错。

抢占份额需要的能力：

◆ 足够的耐心。

◆ 卓越的管理能力和管理意愿。

- 组织灵活，战斗力强。
- 有效布局商业模式。

消除障碍、触达客户

扩大收入的最后一个方法，是消除进入障碍，提高可及性。

什么是进入障碍呢？是阻碍销售最后达成的因素。

想卖电动汽车，无奈充电桩不足，客户因此望而却步。《我不是药神》里的格列宁是救命神药，无奈患者没钱，无法购买。

市场模型来看，一般含有四项要素，具体内容见P133。

每个公司的终极目标，是破除阻力，最大化自己的销售潜能。

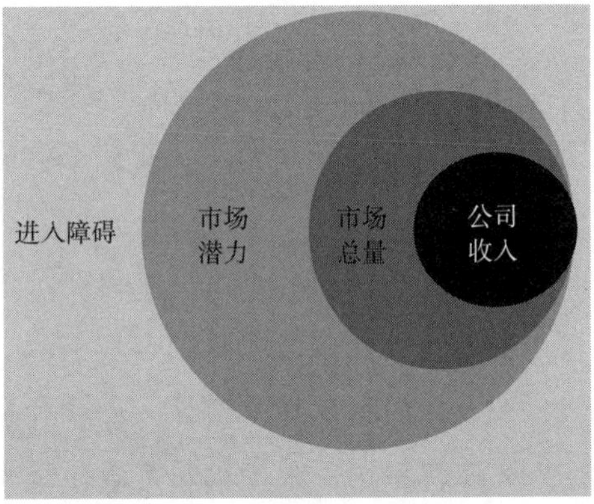

市场模型

1. 特斯拉的充电桩之路

特斯拉在电动汽车市场里，遇到的第一个障碍，就是充电问题。没有电桩，车开不起来，也就没有客户会购买。

针对这一问题，特斯拉开启了撒网行动，布局充电桩。截至 2020 年年中，特斯拉在中国大陆已建设 2 500+ 个超级充电桩，2 400+ 个目的地充电桩，分布 140+ 个城市。仅适用特斯拉充电网络，车主可以轻松从哈尔滨到三亚，从上海到成都。

通过建设充电桩，特斯拉消除了充电问题，让车主安心购买汽车。

2. 新冠检测试剂盒，世上绝无仅有的产品

在医药行业，市场潜力通常是市场总量的5～100倍。也有少量产品，如新冠检测试剂盒，在中国基本能做到市场潜力与市场总量相等。因为所有该检测的人，基本上都检测了，甚至可能不需要检测的人，也检测了。

在中国，带头消除障碍的人，是我们的政府。应治尽治，国家支付，严格流调，封闭管理等多层措施，几乎找到了所有客户，并且消除了障碍。

所以说，障碍不是不能消除，而是你要花多大的代价来做这件事。所有的生意，都是在效率与效果间取得平衡。

消除障碍的主要方式：

- 有效识别阻碍。
- 针对障碍形成解决方案。
- 关注支持部门的人员需求。
- 兼并收购。

消除障碍需要的能力：

- 经验老到，识别障碍的能力。
- 投资分析能力。
- 能力投资。

投资者必须把握商业本质

投资者，必须把握商业本质。

有一段时间，营养剂类的药物红极一时，许多厂家纷纷砸重金扩展团队。而没过两年，遭到国家管控，给这些产品重拳一击。

作为投资者，能看清本质，不被市场的一时操作所迷惑，需要很

深的定力。

有些产品，在市场拓展阶段，一直表现出较低的成长率及利润率。这个时候，要不要坚持做？这取决于投资者对该市场的深度把握，也取决于其财务实力与决策魄力。

医药行业中，经常发生的情况是：销售团队招齐了，发现医保编码做不了，收费做不了。

即使你在某地布局了再大的团队，销售完全没有办法做工作。因为这个产品，必须可以收费，医生才可以开单。

而这需要投资者有“能力投资”的概念与意识。即投资不是仅投资要点（比如销售人员），而是综合投资所有重要的卡点（例如投资政府事务团队，做医保编码）。这需要管理团队，清晰认知障碍，并有效布局。不仅要布局要点，还要投资卡点。

扩大收入的两种基本玩法，一种是资本玩法，一种是实务玩法。

京东，上市后多年没有盈利，但市值非常高，资方也高度认可其长期的社会价值。先经营，后利润。另一种玩法，是打呆仗，踏踏实实做生意，做管理，做利润。

无论怎样的玩法，深刻把握客户需求，创造长期的客户价值才是企业安身立命之本。

7.6 业务重创：销量一落千丈，我们如何重塑辉煌

在分享了生意扩大的方法之后，我们还不得不面临一个现实的问题，就是生意的起伏。在多年的生意场上，每个生意人，都遇到过起伏，甚至是生死劫。我们一方面，要在顺风时扬帆远航，另一方面，要在逆境中，磨炼心性反败为胜。这起伏，也便成了人生乐趣。

有一年，我所服务的业务部门在生意上遭遇重创，原本增长超过

70% 的产品线，销量滑落谷底，进入负增长。经过管理团队一年多的努力，又重回近 20% 的增长。我想在此记录下在这一期间，团队遇到的困难和所做的工作，也向所有经历这一过程的领导和同事们致敬。

那一年，一款销量极佳的产品，突然受到一些不可抗力因素的影响，产品的销量从几百万瞬间减少了一大半，有的地区甚至为 0。一时间，大家都蒙了。这怎么办？

我们内部几次预估，销售的成长率从 30% 降到 15%，再降到 0，甚至为负数。摆在业务负责人面前的，是巨大的压力。

指标：降还是不降

面对这一压力，我们要做的第一个难题是：我们到底要不要和美国总部沟通降指标？如果不降指标，过去的指标太高，团队无法完成，相当于把所有人逼上了绝路。如果降指标，这样的降幅，墙倒众人推，管理层可能会遭遇大换血。

再三权衡之后，业务负责人决定降指标。接下来我们要做的，是如何将这个“坏消息”平稳传递，以保证管理层的稳定，同时争取合理的指标，让公司和团队双方，在最大程度上互信、互谅，推动业务的增长。

那段时间，我清楚地记得，每次汇报之前，我们常常通宵达旦，进入“007”的工作模式。作为许多“片子”（汇报 PPT）的起草人之一，我常常一张片子，做十几个小时，和同事反复讨论，再结合各种销售市场的数据，几易其稿，力图找到一个合适的切入点，将问题阐述得当。

在这场旷日持久的消耗战中，我总结了两点宝贵的经验：

①在分享“坏消息”的过程中，不能一下子把“锅盖”揭开，这样会引起强烈的反应，吃惊、不信任甚至是愤怒。整个汇报过程中，

需要一步一步地放出消息，并在正式非正式等不同的场合和不同的利益相关者分享信息。让信息流在组织中慢慢渗透。

②指标不能一降再降，老板会觉得你们没完没了？会加速老板换人的决心。一段时间指标降了之后，必须坚挺一段时间，保证达成。稳定一段时间之后再降。在这其中，财务 BP 对局势的预判，目标管理的策略，正式与非正式的沟通，指标谈判的具体实操等方面都要有细致地把握。稍有疏忽，随时都可能会暴雷。

作为财务 BP，当时大概有三分之一的时间，都花在了这项工作上。

重塑业务分析流程，快速提高业绩

通过艰苦卓绝地指标谈判，最终达成了一致，这个指标对当时的形势来说，还是异常严峻，无论是收入还是利润维度。

接下来，我们不在指标上恋战，转向收入、利润的快速提升。

业务负责人对我说，他要重塑业务分析流程，让问题和机遇充分暴露。那段时间，我们重塑了整个业绩分析的体系，改良了业务分析会。那条产品线，在上了业务分析新流程后，连续四个季度业绩达成提高 10% 以上。

识别对手犯错的市场机遇

一次业务分析会上，一个大区经理说，在山东，他的对手有 8 个重要的产品型号掉标。当时，我坐在他身旁，详细地询问了掉标的具体情况。

我和业务负责人说，这是我们的好机会。但是业务负责人考虑团队人手紧张，不想给团队过多压力，并没有说什么。后来，在一次一对一的谈话中，我再次和他提起了这个机会。他和我说，现在形势不明，加上团队和经销商都没有足够的精力来应对这一市场变化。团队害怕即使短期拿回来部分销量，对手仍然会打个回马枪，同时还会拉高明年的指标。

我很理解当时大区和业务负责人的考虑，没有再多说什么。

又过了 1 个月，我和业务负责人一起吃饭。业务负责人，吃饭极快，也不喜欢多讲话，我们就默默坐着吃饭。

突然间，他问我："快年底了，还有 1 000 万元的缺口，哪里还有机会？"

我说："我觉得山东这个机会可以抓。"

我把这一段时间我的分析和他分享，对手这 8 个型号的市场容量是多少，如果我们出手，预计可以拿回来多少。与此同时，我还和他分享了销售奖金和经销商激励政策的一些可能的应对方法，可以打消销售和经销商的顾虑。

他听完，点了点头。

他问我："你觉得我应该怎么做？"

我说："如果我是你，现在我不会坐在这里，而是在山东指挥布局。"

第二周，他去了山东，不出三个月，山东团队拿回几百万元的销售额，给对手重磅一击。而且这些销量，事后证明也没有被对手再次抢回。

《孙子兵法》云：可胜在敌。对手的疏漏就是我们最大的机遇。每一年，我们都经历这样的机遇，最重要的是，我们是不是能识别，是不是有胆识去抓住这样的机遇。

投资新品，布局中期赛道

有人说，做生意有三个层次。第一个层次，是抓运营。第二个层次，是抓投资。第三个层次，是抓人。

我们知道，当时遇到的困难，更多与产品布局的不合理和对政策的预判不足有关。真正要让业务良性发展，仅仅通过第一层次的运营手段，是远远不够的。我们必须从长计议，布局新品和中期赛道。

在组织中，布局中期赛道的能力，其实是从组织能力出发的。如果组织中，缺乏这样的能力和思维方式，那很难真正实现突破。

当时，市场部去美国，重新看了所有中国未上的新产品。与此同时，评估其在中国上市可能的方案和影响。我们财务配合市场部，计算投资模型，以及中期的投资方案。最后，选择投资了两个新的中期研发项目，虽然项目跨度有 2～3 年的时间，但我们坚信，如果此刻不投资，那 3 年后，我们必将重蹈今日覆辙。

3 年后的一天，我已经不负责这个业务部了，市场部一位产品经理打电话给我说："月思，你知道吗？当年我们投资那个产品上市了，真的是及时雨啊，我们上一代产品价格刚刚经历了大幅度的滑落，幸好它就来了。"

那一刻，我听出了他的喜悦，也体会到了生意周期里的播种与收获。

业务重创，最难的难关，是坚韧

以上这些，是在这个过程中我参与的主要工作。当然，这期间，业务负责人还做了相当多的人事变革，调整团队，提升士气，坚持拜访客户。

然而，许多年过去，虽然这段经历的许多技术细节已渐渐模糊，但是给我留下的财富，却愈加清晰。这份财富，是遇到业务重创时，作为管理者该有怎样的心态。

业务遇到重创后，我们迅速采取了行动。接下来的很长一段时间，我们拼命工作，期待拐点的来临。然而，无论我们做什么，生意都在不停地下滑，仿佛噩梦般的刹闸失灵，冲着谷底奔去。

那时候，是最绝望的。我曾读过一位 CEO 分享他扭转危局的真实故事。他说，所有我们能做的事都做了，无论过去的我有怎样的辉煌，都成了泡影。我成了最无能的人，所有人唾弃的对象，但是生意却向着破产滑去，我无能为力。

当我读到这段话的时候，仿佛击中了自己，我们和他的遭遇一模一样。

那段日子，深深地怀疑，我们能解决这样的危机吗？生意还会好起来吗？

时间，是最好的解药。只要坚持做，意志不垮，短则半年，长则数年，拐点一定会来临。所以我常说生意是有周期的，一旦进入下行周期，惯性会拉着你向下。但是只要工作得当，生意迟早重回正轨。最怕的，是在黎明前的黑暗中，自己的意志先垮了。

如果未来，我再次经历这样的生意低谷，我想我会更从容。在谷底，让车轮跑一会儿。只要坚持努力，必将重回巅峰。这是每一位经历触底反弹的管理者，获得的人生经验和宝贵信心。

7.7 触底反弹：企业陷入困境的三层次

这就是我们经历的触底反弹的故事。然而，如果可以的话，我希望我们永远也不要进入这样的绝境之中。在那之后，我花了一些时间来探究生意陷入困境的机制和原因，并时时告诫自己，远离陷阱。在此，我把自己对生意触底的三层次思考毫无保留地与大家分享。

如果说一个组织遭遇困境，我们说它进入了厄运之轮。而组织进入厄运之轮的原因和所陷泥沼的程度却是不尽相同。通常来说，分三个层次：

- 第一个层次，是业绩问题。
- 第二个层次，是团队问题。
- 第三个层次，是制度问题。

业绩问题

每个团队都会遭遇业绩低谷期，如果这个团队过往业绩还不错，遭遇重大的外部政策或不可抗力陷入业绩下滑，又一时之间越陷越深，组织便进入了业绩泥沼。

业绩问题，要用业绩管理的方法解决。通过战略把脉，进行战略重新布局，业绩上强化业绩三板斧，并在组织内部进行部分人员优化，可以有望逆转，避免陷入更深的泥沼，重回幸运之轮。

“对于财务来说，这样生意要如何接呢？”

首先，是进行战略把脉。业绩深陷泥沼，祸根常常在三年前便埋下了。如果我们强化投资一时风靡的 A 产品，而忽略 A 产品可能的监管风险、市场风险，没有在产品组合上的深谋远虑的布局，业绩下滑这一天终将到来。柯达公司就是一个很好的例子。

所谓组合管理，管理的就是长期的风险收益。它好像是一个篮子，在这个篮子里要放怎样的产品组合、怎样的业态组合，怎样让团队引领行业的发展而非随波逐流，是整个管理团队的核心。有时候，甚至要有壮士断腕的手段和决心，去布局新赛道、新产品，这一点我们要和腾讯、阿里巴巴学。财务投资，不仅是一时一地地投资攻城，更是深谋远虑，长线布局。

其次，是狠抓业绩管理，这应该是我们财务 BP 的专长。我相信，每个 BP 都有自己的业绩三板斧。比如细化经营分析流程，重新找寻生意的重要 KPI。通过细化分析，找出生意里的真实问题。有时候，抓到对手漏洞大举进攻甚至比主动出击更好。

有人问：这样的生意对我们财务 BP 来说，是好事还是坏事？

世间万物，本就相互转换。遇到这样的生意，财务 BP 会有大量的时间和事业部负责人并肩战斗，成长很快，也很有成就感。再者，作为 CFO 把一个大盘子或者一个快速增长的生意盘子交给一个财务 BP 的话，他会考虑他过往是否有做过艰难生意的经历。如果没有，他会有顾虑。只有有这样经历的人，才能更深刻地把握生意方向，也更深刻地理解业绩管理。但这样的经历，不是人人都能遇到，遇到了，做过了，就懂了。

团队问题

机遇，是危也是机。

生意不好的第二个层次，是团队问题。我想分享全球领导力大师约翰·麦克斯维尔领导天际教会的业绩和组织变革的故事。[①]

约翰·麦克斯维尔于 1981 年接手了天际教会的负责人。接手后的他发现团队实力弱，不能把这个组织带到应该前进的方向。他下定决心把不够有力的领导者请出去，把更好的请进来。他使用了分层替换的方式。他根据他们的领导能力和执行能力将他们分成三组。首先，他马上开除了能力最弱的那一组，并且用他能找到的最优秀的人来代替他们。然后，他开始整顿中间那一组，最后是最好的那一组。经过努力，三年以后，教会原有员工有 2/3 被更好的、具有领导潜质的人替代了。几年间，教会每周出席的人数规模增加了两倍，从 1 000 人增长到 3 300 多人。

团队问题，比业绩问题往往要来得更深刻，也更复杂。这样的组织，肯定已经积弱了一段甚至是很长的时间。而改变，也需要强有力的领导。

① 约翰·麦克斯维尔，领导力 21 法则，p212。

那面对这样的组织，作为财务 BP 要做些什么呢?

我认为：应该把时间还给业务负责人，让他专心在组织调整上，与此同时在财务上为组织调整可能带来的阵痛和风险做准备。

制度问题

有的组织，产品也不错，但长期积弱，就是做不起来。团队能力是一方面的问题，更深层次的，往往是制度问题。

你说在财务部，哪个部门的人能保证组织的基业长青？是业务 BP 吗？我看不然，内控部门才是财务保证组织长治久安的基石。一个腐败的，满是漏洞的组织，团队能有心思拉动生意吗？同样的人，不同的环境，所做的事、所做的产出完全不同。人性，是禁不起欲望考验的。

制度改革，是最难的事。

生意的精进无止境，唯入局者，方得真经。

第8章 软实力

8.1 财务BP与业务的四种关系，你是哪一种

在分享完财务实力、业务实力两项硬实力过后，现在来到大家最关心的环节——软实力。

为什么大家最关心软实力呢？主要有两个原因：

- 软实力的提高，更像练气功，路线图不清晰。
- 许多时候，大家容易把问题归结到软实力上。

举个例子：有一个伙伴，认为自己目前工作上遇到的最大问题，是业务领导对财务的定位不够清晰，和财务关系紧张，是软实力出了问题。但是当我们一起深入剖析他真实遇到的问题的时候，发现他对业务不熟悉，业务领导平时要的一些报表，他没办法按照领导的规定提供。

在我看来，其实问题并不完全在软实力，更重要的是无法提供对方需要的价值，有效进行利益交换。但从表面上看，大家更容易错误地归因到软实力问题、沟通问题之中，却从某种意义上忽略了硬实力这一内核的核心作用。

有人说，软实力的核心构建，是构建与业务的关系。那是怎样的关系呢？

通常来说，财务与业务的关系，分为四种层次：

第一层，是服务导向。

第二层，是需求导向。

第三层，是关系导向。

第四层，是信任导向。

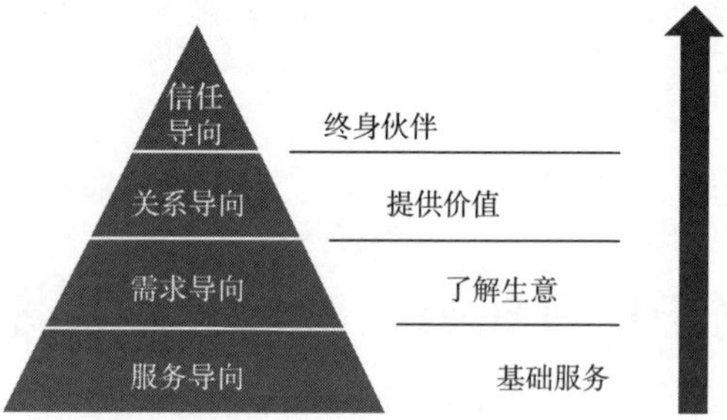

与业务的 4 种关系

许多伙伴，都期望和业务负责人的关系，可以达到信任导向。那怎么判断两个人的关系，达到了信任导向呢？

这里有几个方法，可供大家参考：

无论此时几点钟，彼此有事儿想找对方，拎起电话就打了；有一方或者双方都离开公司了，不再有业务的往来，仍旧可以一起出来吃个饭，彼此有事儿，打个电话，互通一下近况；你可以在他面前讲真话，或者别人不敢和他讲的话。

是不是一个财务 BP 可以和自己的每一任业务负责人都达到信任关系呢？答案是否定的。在所有共事的业务伙伴中，如果能有 50% 做到信任关系，已经非常不错了。绝大部分情况，和业务负责人达到关系导向，已经是非常满意的结果。

那如何通往信任之路呢？个人认为，要分成以下几个阶段：

首先，初次见面，高手过招，彼此留下不错的印象；

其次，一起共事的前 3 个月，能够获取业务好感，拿到入场门票；

再次，惺惺相惜，一起打硬仗，成为业务军师；

最后，关系逐渐加深，成为终身伙伴。

接下来，我们按照通往信任之路的顺序，和大家分享几个成功和失败的例子，共同探索，财务 BP 构建业务信任之路。

8.2　初见：第一次见业务老板，该聊点什么

小张问我一个特别经典的问题：作为财务 BP，第一次去见新的事业部负责人，我该聊点什么？

我： 你聊了点什么，亲？

小张： 我问他，我怎么才能帮你增加价值？

我： 他怎么说？

小张： 这问题你应该问你老板吧……

这一问一答，不经意地蜻蜓点水之间，似乎隔阂已现。这个问题看似简单，却暗藏玄机。

为此，我采访了几位业务老板，请他们讲讲第一次见自己的财务 BP，他们希望聊点什么：

- 我想了解 TA，以及 TA 工作的激情；
- 我想了解 TA 过去给到业务支持的成功案例；
- 我想问 TA 表格做得怎么样，错得多不多（说完他又笑着说，这好像不大好问，但这实在太重要了）；
- 我想听听 TA 分析销量的思路，能不能做我的"眼睛"；
- 我想告诉 TA 我们的活很多，让 TA 有个思想准备；
- 我想告诉 TA 我们事业部很棒，让 TA 有个好的开始，努力干；
- 我想问问 TA，TA 都能干哪些活？

接着我又采访了几位资深 BP，问了他们的建议。

聆听与发问

我会先和他预约一个时间，正式见面前彼此做些准备，也显得比较积极。开场的时候，我会先聊聊目前的工作，大家怎么配合，从“事”开始，自然一些。

我：那接下来呢？

A：接下来就是问与听了。我会问问他的痛苦，问问他生意的难处，问问他的理想，问问他是如何成功的，问问他对我工作的要求和期待。

我：再然后呢？

A：再然后就是闭上嘴巴，仔细聆听，点头、微笑、陪伴。

聆听的三个层次

我深吸了一口气。接着问道，听的时候有什么讲究吗？一位 BP 说，她主要会关注三个方面的内容。

第一：我会听他的观点。

第二：我会关注他的表情、身体语言。

第三：我会听他背后的动机、渴望和需求。

聆听观点

B: 我第一次见我的事业部负责人是在一个会上，我们两个都是刚刚接手这个事业部不久。会后，他和我握手，对我说，他的指标太高了，今年肯定达不成。

我: 他这也是由“事”出发吧？

B: 对。他直截了当告诉我他的困难和关注点，我就和他一起合作怎么样去降指标。降指标未果之后，就只能破釜沉舟往前冲业绩。关注他的困难，合力解决，我们很快建立了信任。

我: 但有的时候，对方不一定会直截了当地表明观点，那怎么办？

表情里的真相

C: 我的情况就是这样的。我第一次见我的事业部总经理，他很沉默。他问我过去都做了哪些工作，我可以做哪些工作。我也问了他一些问题，他言语不多，语调很平，我基本上没获得什么信息。但是我观察到一个点，当我谈到之前做的定价项目时，他眼睛里发出一丝光。但是他什么都没说。

我: 那后来呢？

C：后来接触了一段时间，我才知道他当时一直想做定价的改革，需要人帮他。那天的沟通，听内容是听不出什么的，但是通过仔细关注他的表情，我读到了他的需求。

我：好厉害，学习了！也就是说聆听，不仅仅要听内容，也要关注表情、动作，有时候语言会说谎，但是表情会传递真实的感受。

C：是的，积极聆听有很多时候不是通过耳朵，而是通过眼睛达到的。

我：我还遇到过一种情况，不知道大家遇到过没有，有时候，对方传递给我们一些相左的信息，令人迷惑。

最深的聆听是聆听动机

D：我的就是这样。我的事业部总经理比较特别，第一次见面他特别热情，和我分享了许多和之前 BP 成功的合作经历。但是当我问到他对财务有什么需求，想看什么报表的时候，他说什么都不需要，他不看数字的。

我：听起来，他的“观点”和“表情”并不一致。

D：没错。我当时很困惑，他到底要的是什么？

我：那后来呢？

D：后来的合作中，他是比较反对财务参与的，合作比较困难。我仔细琢磨了我们初次见面的谈话。听到的内容和看到的表情是相反的，但是他背后的动机和之后的观察是一致的。他所说的“什么都不需要”，反映了他的深层次的动机：不需要，不允许，他有他的逻辑。听到的内容、表情等表象可能是冲突的，但是内容背后深层次的动机、渴望和需求不会错。当你听到不一致的时候，更多是去听深层次的东西。

我笑着说：是啊，许多善于读人的老板能在短时间内读懂一个人，这个读人技巧的背后更多是读那些深层次的动机。而这样的聆听并不容易，需要很深的生活阅历以及刻意练习。

8.3　破冰：要想获取业务好感，先要拿到入场门票

有了见面初印象之后，获取业务信任之路却刚刚开始。

然而，我相信，每一位财务 BP 工作的背后，都有许多辛酸血泪，感觉很难和业务建立深度的信任。其实，人与人的交往，并非一蹴而就。每一次交往，都是逐步加深的过程。先是彼此试探，再是慢慢获得好感，再一步步成为伙伴和挚友。而如何获取业务好感呢?

我的朋友和我分享了他的故事。

他刚进入一个事业部的时候，事业部的负责人经验非常丰富，对他也比较平淡。事业部的生意很好，他能帮忙的事情，也并不太多。

但是他发现，这个事业部负责人非常缺钱，手里预算吃紧。他几次和事业部负责人沟通之后，发现事业部负责人心底最想要的，是更多的费用，以支持业务的良性发展。

然而，向公司申请费用，并非易事。他花了很多心思，和不同的老板反复沟通，和事业部负责人一起在各种会议和场合沟通，终于协助事业部负责人要回了 1 000 万元的费用。事业部负责人对他非常满意，当晚就让秘书把他加入了几百人的销售大群。

故事讲到这里，我想和大家讨论几个问题：

① 理论上来说，在公司内部要钱，是一种内卷的行为，对公司本身并没有本质帮助。如果这位资深的 BP 可以帮助业务寻找一个有意义的生意方向，创造 5 000 万元的销售额，大家觉得，他应该先去要 1 000 万元的费用呢？还是创造 5 000 万元的销售业绩呢？

在一次研讨会上，有一位伙伴说：“我要先创造 5 000 万元的销售额。我说为什么？他说因为 5 000 万元比 1 000 万元多。”

我说：“是的，不仅 5 000 万元比 1 000 万元多，符号也不一样，一个是收入，一个是支出。”大家都开怀大笑起来。

然而，仔细想想，事情似乎没有那么简单。

回到我们的胜任力公式：

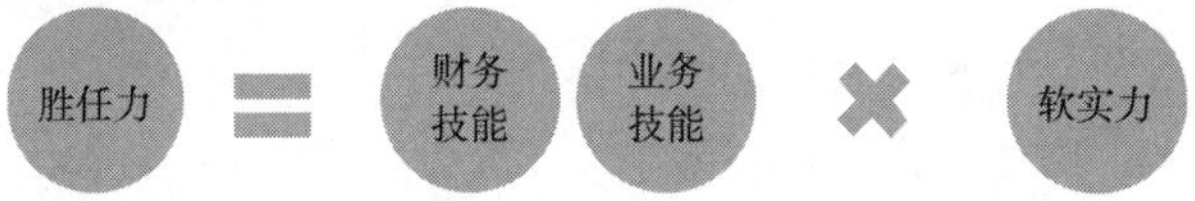

这位财务 BP 刚刚进入这个业务部门，和业务没有建立互信，此时，他的软实力分值约等于 0。

如果他寻找到一个 5 000 万元的生意方向，并向业务提出建议，很大可能，业务甚至不会听他讲述最终的方案，也就是最终的结果会是 0，因为此时，他的软实力还没有真正被激活和开启。

而他帮助业务获得 1 000 万元的费用，这个动作的真正意义，就是开启软实力的乘法，让软实力分值从 0 提高起来，哪怕是 1，那结果也就有了从 0 到 1 的实质飞跃。

② 试想，一个刚刚进入事业部的财务 BP，能否在短期之内找到

一个在这个业内深耕几十年的资深业务负责人未投资成功的重大业务方向吗？这种可能性是极低的。不在于我们能力是否足够，而是我们在这个业务领域的资历毕竟尚浅。

③ 这个故事中，成功获取业务好感的关键到底是什么？是 1 000 万元的市场费用吗？如果是的话，那是不是我们每一个财务 BP 带资入组，就能获得业务信任呢？

事实并非如此。这里的关键，并不是 1 000 万元，而是这个财务 BP 给了业务负责人他最想要的东西。

古语云：欲想取之，必先予之。予什么呢？予的，不是我们有什么，而是客户需要什么。我们带来的价值，必须是客户感知的、认可的价值。无论，这个价值是否内卷，是否和我们的理解一致。

也就是说，获得业务好感，要从客户出发，这样才能对上胃口，彼此的关系才能被大大拉近，我们也慢慢在这个业务部门中，找到了参与感。

8.4 反转：业务就是不喜欢我，我能翻身吗

人与人之间能形成默契互信的概率毕竟是有限的。在这个世界，正常条件下，大家的关系更趋近于君子之交淡如水或者不是冤家不聚头。

我的第一份财务 BP 的工作，就被业务负责人投诉了。当时，我负责几个事业部的工作，其中一位事业部的负责人在我加入后不久，就投诉我，希望老板将我换掉。

当时，我的直线老板非常支持我，他甚至还和我开玩笑说，你不要理她，该做什么做什么。但是我的虚线老板，却几次找我谈心，希望我尽快改善和这位事业部负责人的关系。

当时，事业部负责人几乎从不见我，大家仅有少量的邮件往来。

如何反转与她的关系呢？我做的第一步工作，是让彼此冷下来。不再继续去找她，而是大概有一个多月的时间，远离她的视线。在这期间，我深入地“琢磨”了她。包括她的性格，她的星座，她最喜欢的同事，她早年的工作经历，等等。

我和她喜欢的下属一一吃饭，从各个角度去了解她。我在各个论坛网站里，去了解如何和这样年纪、这样性格的人相处。后来我发现，她是一个非常专业的人，她最喜欢的，就是把事情做得认真仔细。

了解到这一需求之后，我和我的虚线老板一同商量，撰写了一份十几页的月度财务汇总分析给她。我并没有去找她，而是邮件给了她这份报告，和她分享了最新的数据和我们的分析，并且询问她是否有半个小时，可以一起看看这份报告。

没想到的是，她竟然邮件我说：“哇，我从未想到你会做得如此仔细、如此认真，你明天来找我吧。”

从那以后，我们慢慢地恢复合作，后来又一同去美国艰难地谈了指标，当我离开这个事业部的时候，我们的关系很融洽，甚至有她的下属来向我请教如何更好地和她共事。

我想，这个关系的反转中，有几个重要的因素：

① 这个矛盾是工作上的矛盾，未涉及个人利益，并且在矛盾并未激化之前就和平解决了。矛盾分为很多种类型，矛盾越不涉及核心利益，积怨越短，越容易解决。

② 我的几位老板都坚持支持我，明确告知她不会换人，并且给她施压，告知其他人是如何好评我的工作的。她是聪明人，不愿与 CFO 为敌，这让她不得不重新回到与我合作的轨道上来。

③ 我慢慢地摸到了她的喜好和脾性，尤其是每次沟通都尽量专业，报告详细完整等。我们的工作是提供个性化的服务，了解客户的需求非常重要。

④ 从那以后，我和事业部负责人在前三个月的沟通交往中，更

加细致谨慎。每到一个事业部，尽早去和她的下属，她的秘书喝咖啡吃饭。所有的工作，仔细再仔细。少说话多做事，平稳过渡。

⑤ 在有了这段成功反转客户关系的经历后，我对关系反转有了信心。人与人的关系，尤其是工作中的关系，更多是基于彼此的利益。成年人，做好利益互换，成人达己。

软实力的分享，因为篇幅的关系，到这里将告一段落。在这段分享中，我们仅就构建信任关系一个话题展开了讨论。

正如财务 BP 能力模型中所分享的，软实力中还有诸多内容，包括影响力、领导力、谈判、教练等内容。

未来，我们会逐步在公众号中分享这些内容与细节，也期待您与我们分享您的故事！

第 9 章 财务 BP 组织设计与人才发展

9.1 演化：财务 BP 组织发展的四个阶段

谈到财务 BP 的成长，离不开组织的培养和个人的成长。而通常来说，组织的作用是个人的 3 倍，那么我们先来谈谈财务 BP 的组织发展与架构设计。

这个话题，一直是业内的热点话题，目前在国内的成功案例还不多。对于这一话题，我是一个学习者。在本书中，我仅抛砖引玉，对目前已有的问题，进行初步地整理，以求更多专家分享真知灼见。

要回答财务组织做业务财务转型这一话题，必须先回答第一个问题。那就是：业务财务组织的成熟度分为几个阶段？

目前在国内主要分为四个阶段：

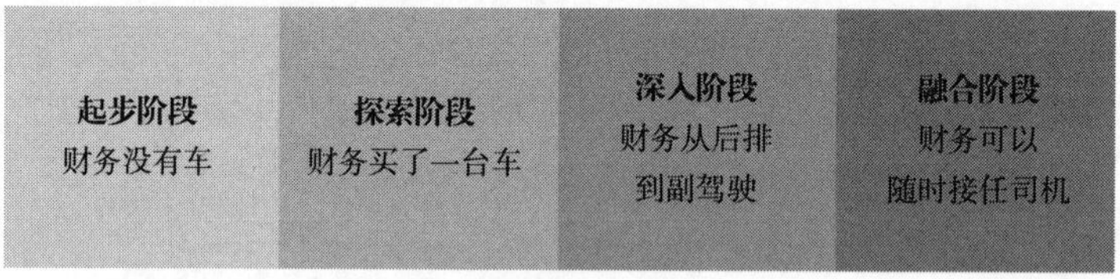

企业业务财务发展的四个阶段

第一阶段：起步阶段

这一阶段，我们把它形容为财务没有车。也就是财务部门的主要职能专注在核算上，财务部几乎不参与预算、分析等业务财务的工作。

在这里，我想请问大家，财务部不参与预算分析等工作，是不是企业内部没有任何一个人在做这些工作呢？

肯定不是。一个企业，从创立的第一天开始，创始人要回答的一个重要问题就是：我一年大概可以做多少的营业额？我的企业 3 年、5 年的成长是怎样的？一个企业的商业计划书（BP），其实相当于一个战略预算。也就是说，每个企业，都做了这样的一些规划，只是财务同事没有参与其中。

第二阶段：探索阶段

第二个阶段，我们形容财务买了一台车，但是发现自己不会开车。在孙正刚的案例中，他们就是在这一阶段中摸索。自己不会开车，因为不知道如何实施起步业务财务模块。底座不同，因为会计、共享团队没有跟上。部分企业业务财务转型的实践中，先设置业务财务组织架构，再倒逼共享中心升级。这个时候通常是走一步退两步，走两步退一步。这是正常的现象。

据我们的观察，目前许多中国的大型民企，都处在这一阶段中，艰难探索。如何能更好地实现财务 BP 从 0 到 1 的跨越呢？以下为某国内生物医药公司财务 BP 从 0 到 1 搭建的路线图，仅供参考。

某生物医药公司财务 BP 团队 0–1 搭建路线图

A. 部门定位与组织路线图
1. 董事长、CEO、人事总监、财务总监对此部门的需求、认知与职责安排 2. 组织 3 年成长路线图 3. 该部门负责人的招募

B. 部门 0–1 搭建实施				
人		事		
组织	1. 战略规划 2. 组织架构（3 种分工可选） 3. 流程设计 4. KPI 5. 人员安排（内部人才盘点，转岗，外招） 6. 预算成本	前端产出	预算 + 分析（年度预算、战略预算、月度经营分析、经营分析会）	产品上市项目

选	招聘 内部、外部、从上至下	中台 支持	报表 系统 流程	大中台 + 小前台 小中台 + 大前台 （中台为报表团队 前台为 BP 团队）
用	薪酬总额、薪酬结构、绩效、年奖金等 试运行后修正部门职责及与其他部门协调机制			
育	关注高潜，尤其是前台 BP 岗 员工专业能力定义、提升、培养体系	底层 逻辑	业务	数据源
留	晋升、升降级、员工关系管理 关注文化			

C. 关注要点
一把手认知、组织形态、流程、运营产出、员工专业能力、BP 部门负责人、奖惩机制

其中，在搭建过程中有以下要点：

1. **人是组织发展的核心，自己不会，就要引入专业人才。**

我们在采访一些成功案例的时候，听到他们谈到最多的，是他们如何引入第一个懂 BP 的专业人才。包括后来，是如何升级团队，引进更多人才。

怎样引入人才？从上往下换。也就是说，先给 BP 团队找个懂 BP 的负责人，展开项目，再慢慢布局中层。一般来说，换一个人，是不能解决问题的，需要几年时间，不断在各个层级引入一些人才，才能形成有效的梯队和战斗力。

目前许多民企对财务 BP 的要求是要进行非标体系的建设。什么意思呢？董事长、财务负责人不懂财务 BP，招个高级财务分析员，请他来做财务 BP 体系搭建。结果人来了之后，发现公司数据质量比较低，没办法做，两三个月的时间，又把人开了。反反复复招人又开人。

有人说，一个能做非标体系建设的人，一定看过“标”长什么样。这句话一直在我脑海中萦绕着。

目前在业内，能做非标业务财务体系搭建，尤其是大公司搭建的人才非常少。在选材方面，他过往的经验、心态以及进来之后能配合的资源和时间都是相当重要的。

另外，公司的创始人、CFO 等要不断学习业内的先进经验，同时财务 BP 的相关团队通过集体学习、外出考察等方式，统一认识，提高能力。我曾听闻有些公司组织财务 BP 转型内部讨论，研讨到半夜 12 点，仍然未果。有时候，不是我们不努力，而是方向不清晰，没有懂行的专家和管理者来领导。

2. 事儿的层面，先做预算和分析

正如我们在财务篇中分享的，业务财务的两大基础工作，是预算和分析。先踏踏实实地把预算做起来，分析做起来，再慢慢改进。做的时候，要尽量做到位，完成闭环，再进一步拓展。

3. 倒逼共享中心的升级

有一次，我和一个民企的 CFO 讨论这一话题，他和我分享了他目前的困境。目前，公司按照区域，把财务划分为几个大区，每个大区有一个大区财总。这个大区财总最主要的工作，是管理一个财务团队，包括核算、分析、项目管理、税务，等等。目前集团还没有做共享中心。

在做财务 BP 的转型过程中，大家发现，团队人人是 BP，却又人人不是 BP。许多挂着 BP 头衔的伙伴，薪资很低，主要做的是一些合同审核、核算审单的工作。因为这些工作是硬指标，不做的话业务呱呱叫。无论是大区财总还是具体的工作人员，都分身乏术。

讨论下来，他的想法，还是要先做共享中心，把核算等工作效率化，把人解放出来。只有走这一步，才能继续走下去。

曾接很多人向我咨询：我已经做了两年 BP 了，为什么还是收效甚微？ BP 到底行不行？

其实，许多大厂以及国际大公司，都在这条路上走了几十年的路。这条路并非一蹴而就，几年甚至十几年的时间是正常的。

但是随着我们工作的加深，大家会发现，有一些积极的变化：第一，管理层对财务工作的价值认知不断提升，有许多事儿，都叫上财务一起参与；第二，财务人自己也在这条路上摸爬滚打，总结了一些经验，信心越来越足。

第三阶段：深入阶段

这一阶段，我们形容是财务从后排到副驾驶。组织中已经形成了较为成型的财务 BP 团队，协助业务，提高企业的收入、利润，平衡企业风险。

第四阶段：融合阶段

这一阶段，我们形容为财务可以随时接任司机。任正非曾说，称职的 CFO 应随时可以接任 CEO。我们认识的一些第四阶段的财务领导者，往往有着丰富的职业经历。他们做过业务副总，后台支持部门的副总，财务副总，等等。

有人问：如何判断一个企业是否进入到第四阶段？如果一个企业的业务管理者有超过 20%～30% 来自财务，或者说财务 BP 的来源有部分来自非财务，财务人员与业务人员的职业发展高度融合，那公司已经达到了融合状态。

我和一家药企的 CFO 聊天时，发现这位 CFO 身兼两职：一份工作，是 CFO；另外一份工作，是某事业部的业务负责人。

他笑着说："我最近底气不足，都不敢挑战事业部负责人了。"我问为什么？他说："我自己事业部的业绩也没达成。"

可以看到，财务与业务的职务边界在逐渐模糊。在这样的历史大潮之中，无论你是财务人、业务人、IT 人，只有敢于入局破局，才能紧抓时代。

能够明确的是，企业的业务财务阶段并非到此为止，但是从目前世界范围的实践来看，主要以这些阶段为主。

9.2　分工：BP 团队一个做预算，一个做分析，合理吗

在了解完业务财务组织的四个阶段之后，大家做 BP 组织转型的过程中，往往会遇到一个难题：组织架构应该如何搭建？

目前，在不同的行业，不同的组织形态中，我们发现有一些不同的实践。

① 按工作内容划分：预算一部分人，分析一部分人。

② 按利润表项目划分：部分人负责收入，部分人负责费用（或者将费用项目再进一步拆分）。

③ 按事业部（区域）划分：不同的事业部，由不同的 BP 负责，这些 BP 既负责预算，又负责分析。

关于这个话题，悦财群曾进行过激烈的辩论。激辩的起因，是大家在争论：如果一个团队做预算，一个团队做分析，是否合理？

我们惊讶地发现，一部分人坚定地站正方：合理。另一部分坚定地站反方：不合理。而且双方起初都对对方的选择表示诧异。

我们先来看看正方分享的案例：

某互联网公司事业部，整个业务的体量大概是几千万的月活（全球）。业务部门人数几千人，业务负责人下面有各条业务 VP 线，有的 VP 负责促销 / 客户增长，有的 VP 负责和唱片公司谈价格等。

财务部的财务总监，对接业务负责人。其他的 VP 由高级经理对接。

财务分析团队的分工：

◆ 财务总监总负责：一个高级经理负责预算 + 客户增长。

◆ 高级经理下面一个人做业务的客户增长模型：一个人支持市场部门分析各种促销手段的 ROI，一个人支持品牌部门的广告投放预算及 ROI。

◆ 其他的高级经理各自带一些人负责其他的分析，比如客户留存和流媒体成本分析，等等。

在这个案例中，团队一部分人做预算，一部分人做分析，效果很好。

我们再来看看反方分享的案例：

木棍先生是反方坚定的拥护者，他认为财务 BP 的组织不应是按工作内容分，而是应该按事业部、按区域划分，每位财务 BP 都会做预算分析等工作，但负责的事业部不同。这里我们也请木棍先生详细阐述一下他们财务 BP 组织的架构和实践。

财务部高度职能化

和许多中国公司的财务部按区域划分的结构不同，我们公司的财务部门是按职能来划分的。

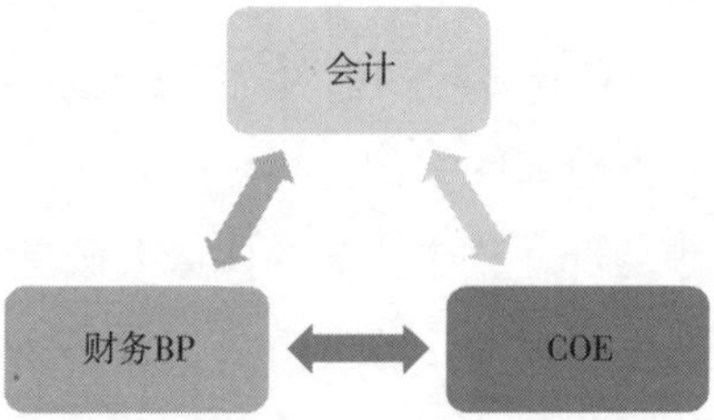

财务运营三支柱

财务部分成两大部分：一部分是财务运营，另一部分是筹投资管理。

财务部三支柱结构

<table>
<tr><td rowspan="12">财务部</td><td rowspan="10">1 财务运营</td><td rowspan="2">1.1 会计</td><td>1.1.1 业务会计</td><td>国家 / 区域</td></tr>
<tr><td>1.1.2 共享中心</td><td>共享中心</td></tr>
<tr><td rowspan="4">1.2 业务财务</td><td>1.2.1 生产</td><td>国家 / 区域</td></tr>
<tr><td>1.2.2 销售</td><td>国家 / 区域</td></tr>
<tr><td>1.2.3 研发</td><td>国家 / 区域</td></tr>
<tr><td>1.2.4 报表</td><td>国家 / 区域</td></tr>
<tr><td rowspan="4">1.3 COE 卓越运营</td><td>1.3.1 税务</td><td>国家 + 总部</td></tr>
<tr><td>1.3.2 资金</td><td>国家 + 总部</td></tr>
<tr><td>1.3.3 内控审计</td><td>国家 + 总部</td></tr>
<tr><td>1.3.4 其他</td><td>国家 + 总部</td></tr>
<tr><td rowspan="2">2 筹投资管理</td><td colspan="2">2.1 投资者关系</td><td>总部</td></tr>
<tr><td colspan="2">2.2 投资部</td><td>总部</td></tr>
</table>

我们所在的团队，是财务运营团队。在财务运营中，按照传统三支柱来划分，分为会计、业务财务（BP）以及 COE 卓越运营团队。

会计部门，主要分为两大团队：一个团队，我们叫作国家会计团队，或者叫业务会计团队。另一个团队是共享中心。

共享中心的主要职责是做账工厂，标准化批量生产分录，他们仅仅分布在全球 3 个区域，每个区域都是百人大团队，负责账务处理。

国家会计，主要负责各国当地的税务、财务报表、审计对接、业务会计、合同应收等工作。这些同事，基本上没有做账权限，但可以查看该区域的全部账目。人数相比共享中心的体量来说，要少一些。

业务财务团队，按照职能进一步划分为生产 BP、研发 BP、销售 BP 等。同时，在国家和区域层面会统一设置业务财务报表团队（我们称为财务分析 COE）。这个团队，一方面协助当地的 CFO 来整合数据，做报告，另外支持 BP 的日常工作。

COE 团队，主要是领域专家，负责税务、合并报表、资金、内控等专业的工作。这些同事，根据业务需要，在集团总部和各个国家区域有不同的设置。

三支柱的负责人，以及国家的 CFO 向财务运营负责人汇报，财务运营负责人，向 CFO 汇报。从汇报线上来说，是国家和职能双管齐下。

剥离标准化工作 BP 专注价值创造

公司在财务设置上，是专业的事由专业的人来处理。

剥离账务处理，交由共享中心，过去手工分录的年代，一笔分录录入 SAP 系统需要几分钟。共享中心使用 Winshuttle 上 SAP 系统，一笔账几万行，2 分钟就好了，大大提高了效率。

剥离业务财务中的报表职能，进入报表团队，财务 BP 从琐事中解脱出来，专注为业务提供一对一的服务。

国家 CFO 管什么

很多人好奇，国家的财务团队是怎样的？国家的 CFO 主要做哪些工作呢？

我们的国家财务团队，人数相对还是比较少的，毕竟账务已经在共享中心集中处理了，不需要花太多的时间。总的来说，国家的 CFO 做的就是一个大 BP 的工作，同时管理团队。

国家 CFO 的财务团队如下：

国家 CFO 的财务团队

CFO	直线下属	团队人数	CFO	直线下属	团队人数
CFO	会计负责人	10 人	CFO	财务 BP4	1 人
	财务 BP1	3 人		报表负责人	2 人
	财务 BP2	0 人		内控负责人	1 人
	财务 BP3	0 人			

从上图可以看出，国家的 CFO 会亲自带各个事业部的大 BP，我就是其中之一。每个 BP 都各负责一块业务，相当于各个事业部的小 CFO。

会计负责人，主要负责业务会计、税务、资金等工作。他要同时和共享中心、总部会计、总部 COE、各个财务 BP 对接，有时候也要和业务部门直接对接，工作繁重且责任重大。

财务 BP 的职级

总的来说，直线向国家 CFO 汇报的同事的职级都不低。

会计负责人的职级，在高级经理到总监之间。

财务 BP 的职级，在经理到总监之间。

报表内控负责人，在经理到高级经理之间。

我们每一个财务 BP 都是各个事业部的班子成员，因此比较有话语权。另外我们的工资也和事业部班子成员对标。

至于工资可以对标，我觉得最主要是因为我们对生意的贡献，不逊于销售、市场等负责人。但是，我们的职业风险和责任也是对等的。天下没有免费的午餐，如果我们做生意的能力不行，生意不好的话，我们也要连带承担责任，卷铺盖走人。

BP 不带人

许多公司，让 BP 带报表团队的小 BP，但我们公司不是这样的。

我们公司的 BP，就是单打独斗，报表数据，由报表的团队搞定。我们主要服务业务，增加企业的收入、利润，平衡风险。

在 BP 圈子有这样一句话。如果你去找工作，两个公司同样的工资，一个带人一个不带人，最好选不带人的那个。倒不是因为不带人的工作轻松，而是带人的 BP，更像是“表哥表姐的妈”，工作价值被稀释。

如果一个组织，BP 可以无后顾之忧，安心服务业务，向 CFO 汇报，那感觉就很不错了。

报表团队做什么

报表团队主要的工作包括：

① 帮助区域 CFO 汇总数据，制作报告，汇报等；

② 统筹预算的进度；

③ 统筹区域的数字、费用分配、费用政策等；

④ 提供统一的报表；

⑤ 负责系统对接、会计对接等；

⑥ 支持财务 BP 的日常工作等。

报表团队是我们最亲密的战友，他们相当于是我们的后援团。我们常常和业务出差，去开会。他们会统一协调预算的时点，分发表格，提供培训，等等。

另外，他们是最知道老板有没有多余预算的人。没钱的时候先问问报表同事，说不定不用去老板那里，他们帮你调拨一下，几百万的费用就分过来了。

有一段时间，我也兼任了报表团队的负责人，这种情况比较多见。因为BP熟悉底层业务逻辑，兼任报表负责人可以更好服务其他的BP伙伴。我感觉，我一个人身兼两职是蛮好的，而且可以带上几个新人，帮我把一些BP的杂事处理掉。

财务部演化进阶

有些小伙伴问我，现在我的财务部是大区制，大区的主要职责是管会计核算，然后下面有人专门负责做财务BP。这样的组织架构如何演变？

第一步，先剥离核算，后进共享中心。

只有把"会计工厂"的工作剥离开，我们才能真正专注在价值创造上。不要怕管的人少了。财务负责人的工资与价值从不与下属人数直线挂钩，仅与你为公司创造的价值相关。你看投资部的负责人，帮公司融资几百亿元，人家的工资比我们多了好几个0，那是共享中心负责人比不了的。

第二步，解放大区财总，向大BP方向发展。一个大区，至少要有一个BP方向的明白人。

第三步，进一步剥离BP中的标准化工作，进入报表团队。

现在，正反两方都阐述了自己的观点。我请教了一名组织设计专家：怎样的分享，能帮助更多财务管理者构建合理的组织架构？她说，无论怎样的分享，如果照搬照抄，比较大的可能，是彻头彻尾的失败。

这些问题中的绝大多数问题，属于OD（Organizational Development，组织发展）的范畴，是HR或OD同事的专业领域。

通常来说，组织设计与组织调整在中大型公司属于战略性项目，由资深的战略部门、HR/ 组织发展领导人与外部专业咨询公司共同进行，项目花费在百万级别。

考虑财务的组织设计需要，建议财务负责人从 SME（专业领域专家）的角度配合组织设计专家提供意见和落实。

组织的设计，要遵循组织设计的原则，从战略拆解而来，并不是抄作业得来的。

对于 BP 组织的实践探索，我们仍需继续。

9.3 组织：人盯人战略详解

在分享了最佳实践之后，我们仍需继续探索：在财务 BP 的组织实践中，是否有更强的规律可循?

总结了大量医药行业世界 500 强的实践之后，我们发现他们作为较成熟的财务 BP 组织（成熟度在 3 级深入阶段）有一个共同的特点，就是人盯人战略。

人盯人战略是指，财务 BP 的组织依照业务组织而定，有业务高管的地方，配备一个财务 BP，辅助其做商业决策。

500 强医药公司财务组织案例[①]

接下来我们通过世界 500 强医药公司的业务财务组织实践，具体

① 组织设计深度关联企业战略和组织生命周期，因此这个案例的分享，仅代表部分 500 强公司基于其现有战略及较为成熟的组织生命周期的实战打法。请各位读者，在参考最佳实践的同时，必须牢记组织架构是为业务、战略和流程服务。组织土壤不同，嫁接不同架构，必然导致水土不服。切莫照搬照抄，需灵活运用。

分享人盯人战略。

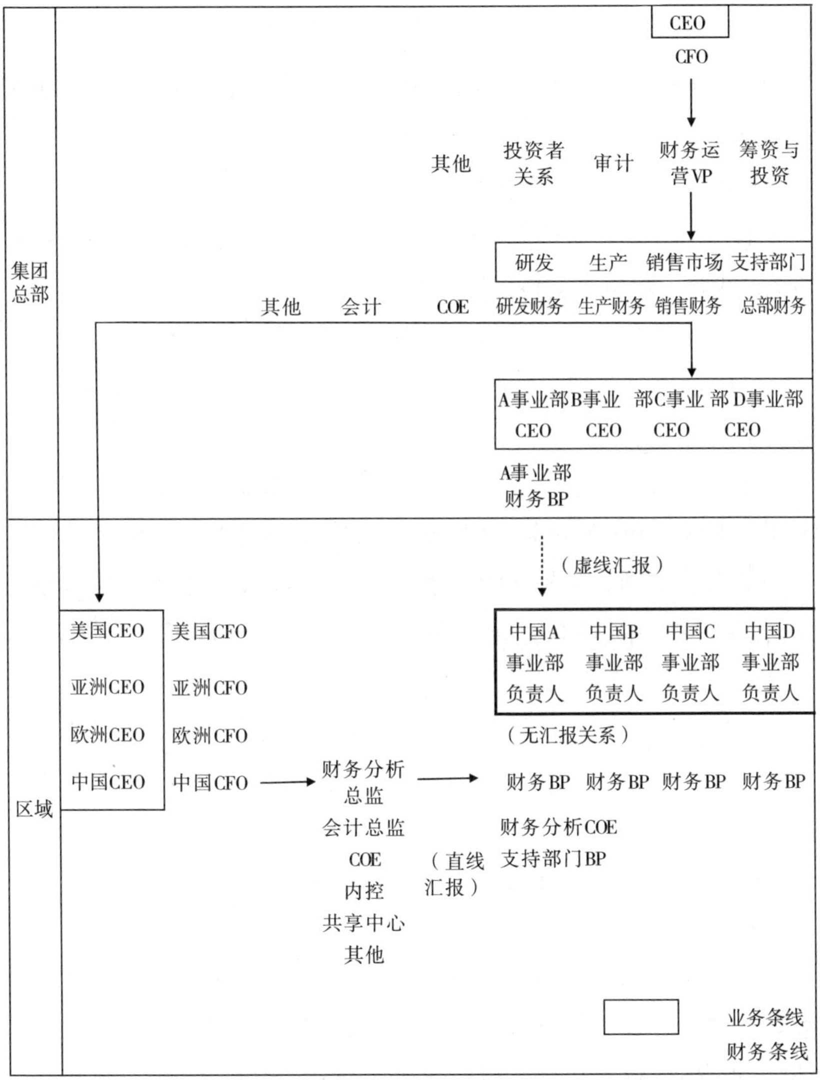

500 强医药公司业务财务组织架构全图

业务组织

人盯人主要分两步：第一步设定业务组织，第二步匹配业务财务组织。

本案例中，我们以销售线为例进行拆解。

① CEO 下属按直线职能制（也有的组织是事业部制），分为销售市场、生产、研发、支持部门等大部门。

② 在销售市场中，形成事业部和国家的双重矩阵制。

纵向是事业部销售负责人，按产品划分；横向，是区域负责人，按国家 / 大洲划分。

上图中，8 位负责人，包括 A、B、C、D 事业部 EVP，以及美国、欧洲、亚洲、中国的业务 VP 都直线向这位销售市场负责人汇报。

③ 最小的单元，是中国 A 事业部负责人。这位负责人会双重汇报：虚线汇报中国 VP，直线汇报给总部的 A 事业部 EVP（实权派）。

财务组织人盯人

◆ 财务 BP 如何设计呢？

人盯人。

财务 BP 的设置紧盯业务负责人。每一位业务负责人相对应地都有一位财务 BP 辅佐他。例如，中国区 CEO 的财务 BP 是中国区 CFO，A 事业部的 CEO 的财务 BP 是 A 事业部财务 BP 等。

这就印证了人盯人战略的原则，只要组织设计了一位业务高管，那么就给这位业务高管配备一个财务高管，辅助他做商业决策。

◆ 中国 A 事业部的财务 BP 如何汇报呢？

案例中，中国区 A 事业部财务 BP 的汇报线如下。

实线汇报：中国区财务分析总监，该总监向中国区 CFO 汇报。

虚线汇报：总部 A 事业部财务 BP。

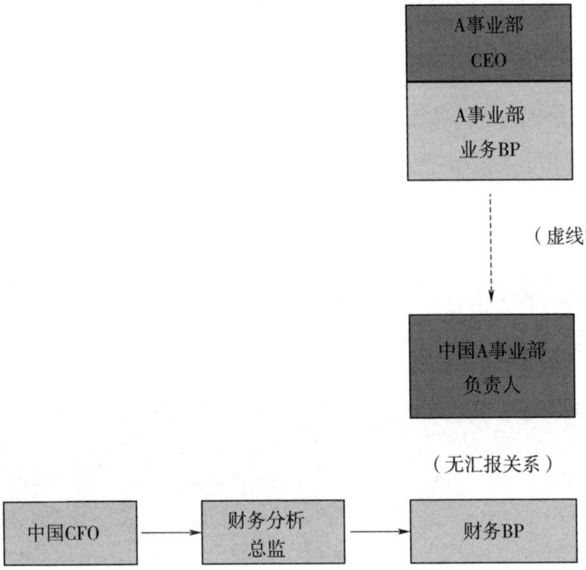

财务 BP 的双线汇报

在这个案例中，财务 BP 仅向财务汇报，未向业务汇报（在许多组织中，财务 BP 有可能虚线或者双直线向业务汇报）。

因为财务属于职能部门，通常来说汇报的实线归属在职能线，虚线属于业务条线，以保证风险管控和总部的权力。

◆ 中国 A 事业部的财务 BP 的主要服务沟通对象有哪些？

① 中国区 A 事业部业务负责人。

② 中国区财务分析总监。

③ 中国区 CFO。

④ 总部 A 事业部财务 BP。

⑤ 中国区 CEO。

⑥ A 事业部 CEO。

⑦ 中国财务分析 COE。

⑧ A 事业部财务分析 COE。

无论汇报线与否，这位财务 BP 都会经常与上述的各位老板打交道。批预算，要去总部要钱；想晋升，要在中国领导面前好好表现。

人盯人战略的优势

华为在组织设计中，有四个原则：有利于作战，有利于流程，有利于效率，有利于结果。

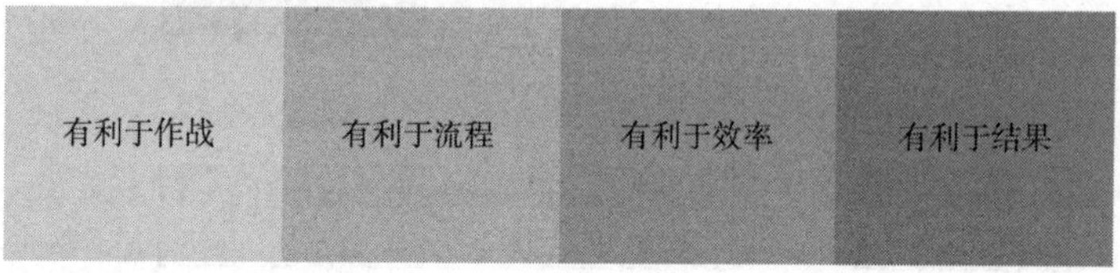

华为组织设计四原则

1. 人盯人的第一个好处，是有利于作战

试想，现在有两种不同的组织设计，所带来的业务结果可能会有所不同。

设计一：在中国设置四个财务 BP，其中两个人分管销售收入分析，另外两个人分管销售成本分析。（均为销售组织下财务 BP，按利润表科目进行划分）

设计二：在中国设置四个财务 BP，每个事业部一个人。（人盯人战略）

现在我们要在 A 事业部，做一个是否给某大型经销商 10% 商业折扣的决策。

设计一：财务 BP 因为要同时负责四个事业部的销售分析，他们考虑的侧重点可能在于此项决定是否符合公司折扣规定，同时可以兼顾这一经销商在不同事业部的价格体系。

设计二：因为这位财务 BP 对 A 事业部了解较多，他的建议可能包含对 A 事业部其他经销商的影响，或者在市场竞争地位上，是否可以占据主动优势。

两种设计，各有优劣。设计一，更强调规范。设计二，更强调作战。

2. 人盯人的第二个好处，是客户体验更佳

如果我是 A 事业部的市场经理：

设计一：我要同时合作 2～4 个财务 BP（销售分析找一个人，市场费用找另一个人）；

设计二：我只需要合作一位财务 BP。

财务 BP 与业务构建深度信任，必须基于长期的深度合作。人盯人，更能有效提供这样的场景。然而，如果这位 BP 不够给力，那么可能引发的业务冲突，也可能更激烈。

财务 BP 组织设计这一话题博大精深。如果我们去分析华为、阿里的最佳实践，可以看出其设计千变万化。如果您对此话题感兴趣，也建议您阅读更多组织发展与设计相关的书籍或公众号，或将您的最佳实践与我们分享。

我们在未来将进一步研究、分享我国的最佳实践。

9.4　人才：公司如何培养优秀的财务 BP

在本章的最后，我们想谈一个话题：在组织中，如何培养优秀的财务 BP？

谁要为培养优秀的财务 BP 负责

财务，业务，人事？

首先，CFO 是这项工作最主要的负责人，毕竟选用育留的工作，都和 CFO 或者是财务 BP 的负责人相关。

但是从过往经验中看，财务 BP 真正的学习和成长，和业务紧密相连。财务 BP 有一半以上的工作时间，是和业务同事，尤其是业务负责人在一起。如果业务负责人，不把财务 BP 的职业发展和成长作为其一部分的工作职责的话，那财务 BP 的成长是有限的。

有一年，在中国台湾，我和当地的业务负责人在高铁上一边吃着便当一边聊起她的财务 BP，一聊就是两个小时。这位业务负责人说：她一直把财务 BP 作为她的左膀右臂，也一直悉心培养她。经常和她谈理想、谈人生、谈生意。她一直在公司内部帮助其寻找更有发展空间的岗位，也把自己在生意场上、人生中，甚至是感情上的经验和她分享。

虽然，不是每一位业务负责人都会在财务 BP 身上倾注这么多心力，但是仅仅靠财务领导和人事同事的努力，对财务 BP 的成长来说，是不够的。

财务 BP 的成长中，选材很重要。

财务 BP 如果选到合适的人，培养就轻松许多。什么样的人才是合适的人选呢？我相信，这个问题的答案在能力模型和胜任力模型中已经有了部分答案。

在这里，我也谈几条心得：

（1）数字准。

为什么数字准这么重要呢？这要从业务负责人的角度出发。

有一次，业务负责人向我投诉了一个财务 BP，他只说了一句话，我一身冷汗。他说，她已经跟了我一年了，到现在，向我汇报的 PPT，改过 3 次，还会有数字错误，而且是我随便看看就能看到的错误。

我知道，这个财务 BP 未来的职业发展可能会相对有限了。因为业务负责人是要拿 PPT 去和领导汇报的，这些材料如果存在数字错误，领导马上就可以看出来。如果领导指出业务负责人数字有误，那就是对业务负责人工作能力的否定，也势必破坏了财务与业务最基本的信任。

因此，我们在面试财务 BP 的时候（尤其是小 BP），都会做笔试。在一小时之内，做规定的报表，看她能得多少分。得分在 40 分以下的候选人，我们就不进行面试了。

（2）业务敏锐度高。

有一次，一位亚太的高管向我传授看人的秘诀。他说："你看这个人做的工作，包括他汇报的思路，就知道他做生意的感觉如何，选那些特别有商业感觉的人。"

如果一个人，业务敏锐度比较高，那未来他成为优秀的财务 BP 的可能性就比较大。

（3）情商高，会沟通，分寸感强。

在财务 BP 的选择上，要选那些情商高、会沟通的人。比如，在办公室，该开玩笑开玩笑，该严肃的时候一丝不苟，但是又收放自如。这样的人，和业务人员更容易打成一片。

同时，这个人还要分寸感强。哪些话该说，哪些话不该说，要能够审时度势并且合理利用资源。

财务 BP 还要选择守口如瓶的人。我曾听到业务负责人对某个大 BP 的评价：这个人嘴不严。在任何场合，任何人面前，不多透露半分。时时刻刻，以公司的利益为先。

（4）人品靠谱。

三观正，选人底色最重要。

要培养高潜人才，就把挑战的项目给他

财务 BP，尤其是高潜人才，不是温室的花朵，是要在风雨中锤炼的。一个好苗子多久可以独立负责业务？大概 1 年的时间。

如果我们选择了高潜人才，给他一个事业部，让他做，看看他能不能做出来。对于一个成熟的 BP，让他挑战最烂的业务，最不容易合作的事业部负责人，看他能不能做出来。

到了一定阶段，让他挑战几个事业部，不同的业务模块，看看他能不能做出来。

我老板曾说：把他扔到泥地里，看看他能不能站起来。

我做财务 BP 的第一年，我的师傅每两个礼拜就和我一起吃午饭，从人际关系到业务分析，再到报表格式，他都常常和我讨论。

我自己团队的财务 BP，第一年的时候，也常常跟他去开一些会，我不出声，但是开会后及时复盘，刚刚出现了什么问题，如何解决。

另外，对于新财务 BP，我们有完善的入职培训和每周 / 月 / 季度的培训等，让其充分了解每个模块的内容，快速学习发展。除了老板的辅导之外，还为其配备财务部、业务部的导师和教练，辅助其成长。

把人才发展作为财务团队的主要工作，对于财务管理者来说是不可或缺的。路漫漫其修远兮，吾将上下而求索。

第 10 章 财务 BP 个人成长与职业发展

10.1 市场：未来 10 年，财务人才市场需求四大预测[①]

从组织角度讨论了财务 BP 的架构设置及人才培养之后，我们转换到个人角度。每个人才是自己职业发展的主人，我们在一路追梦，一路探求。

从职业发展的角度来看，分为市场供给和市场需求两个方面。往往，人才的发展是跟着市场需求而演化晋升的。在职业发展的过程中，预判市场需求趋势，是一项极其重要的能力。

过去十年，出现了共享热、财务分析热、上市热、民企热等几波市场热潮。那未来，财务领域的市场需求在哪里呢？

就这个问题，我请来资深猎头金晓晨，请晓晨从他对财务人才市场的深刻把握中，为我们指点迷津。

大家好，我是 Leo 金晓晨，坐标“魔都”（上海）的资深财务猎头，目前在 MAGI Associates 担任财务招聘事业部中国区负责人。我常年致力于为全球 500 强企业及本土成长型企业提供中高端财务岗位招聘及咨询服务，从业至今已完成超 500 个中高端财务岗位招聘。

我同时也是公众号 LEO 招财说的主理人，我的微信是 wingskimi，欢迎大家交流指正。

① 第 10.1 节和 10.4 节作者：金晓晨。

具备强业务赋能力的财务 BP

BP 已经成为未来财务人职业发展的一张名牌。

如果说“业财融合”是未来 10 年财务人发展的中心思想，那财务 BP 将成为这个中心思想的最佳践行者。

未来所推崇的财务 BP，是能够揭示经营表现背后原因，为绩效改进提出指导意见，为公司决策提供真知灼见的关键角色。一个优秀的财务 BP，应当与业务部门共同为经营目标及业务决策负责。

华为对 BG（业务组，business group）的财务 BP 提出了这样的定位——与业务主管共同对经营指标达成负责。对于次一级的区域财务 BP，则要求“作为 XX 的业务伙伴和价值整合者，确保面向客户的经营目标完成”。

一流企业的理念与打法总是具有前瞻性，相信未来会有越来越多的企业在财务 BP 的定位上朝着华为、阿里巴巴、美团、京东等企业靠拢。

头部企业财务 BP 岗位说明

企　业	财务 BP 岗位说明
阿里巴巴	支持业务单元重要业务决策及业务战略规划，业务创新中搭建业务财务模型，支持项目落地、商业孵化等
美团	按期出具经营分析数据及分析报告，制定关键业务指标及分析体系，与业务建立双向反馈机制； 对业务方案进行风险评估，建立定期的业务和财务数据跟踪体系，随时跟进、定期反馈
京东	了解新业务并建立财务模型，为公司决策提供有力支持； 带领事业部财务人员，协助业务部门建立可量化的 KPI，跟踪结果，提高财务收益

另外需要补充一点，在如今这个大数据时代下，对于一名优秀的财务 BP 来说，有一项核心技能必需打磨 —— 数据的抓取、整合、分析能力。对于数据掌控的能力必然需要通过工具来实现。

几年前面试财务 BP，企业会问你 Excel 用得如何，是否足够精通。

将来面试财务 BP，企业会问你会不会用 Power BI，会不会用 Python，或者是否能够使用 Tableau/Access/SQL/Salesforce 等工具。

未来 10 年，市场将张开双手去拥抱那些善于数据分析、具备商业敏锐度，能够快速准确赋能业务部门的财务 BP。

具有非标作业能力的体系建设者

具有非标作业能力的体系建设者指的是能够从 0 到 1 帮助一家企业建立有效合理财务体系，以及能够结合企业经营情况变化而优化改善既有流程的中高阶财务人。

这年头开着特斯拉跑高速并不稀奇，驾驶水平一般一样能开。稀奇的是你自己组装或改造一部小车，驾驶它从田间小路开上高速，保持车况平稳。这才是未来中国经济发展中更为需要的多面型车手。未来 10 年的中国财务人才市场将持续甚至加速它的价值回归之路。

有些人虚高，有些人被低估，到底你做的工作如何，市场将愈发真实地给予回复。另外，我们要认清一点，未来 10 年的职业红利不再停留在成熟传统的老字号外资，这类企业增量有限，且人才高度内卷。

未来 10 年的职业红利将传导至局部赛道中创新能力强、本土化程度高的外资企业，以及更多的中国本土成长型企业。

而这两类企业中，前者需要不断孕育新的业务模式，后者的财务体系流程大都较为薄弱。两者都需要具备体系建设能力的财务人才来进行财务体系设计、搭建及优化。所以未来能够在非标环境下作业进行体系建设的财务人将更具市场空间。

具有产业格局的资本运作者

具有产业格局的资本运作者，将是未来中国财务人才市场中最为需要的 CFO 群体。未来 10 年，CFO 的角色将愈发超越财务管理的范畴，进一步朝着资本运作者的方向发展。

据普华永道统计，2020 年，A 股 IPO 保持强劲势头。其中，A 股共有 395 只新股上市，融资总额为 4 719 亿元，创下自 2011 年以来 IPO 融资额的新高，IPO 数量和融资额同比分别增长 97% 和 86%。

自 2020 年开始，我们应该不难发现，注册制实施后，国内企业进入资本市场的迫切程度越来越高，打着 IPO 口号的企业比比皆是。所以未来财务人才市场中，会见到越来越多投行、四大会计师事务所等咨询背景出身的 CFO 种子选手。

有人感到好奇，因为进行资本运作，财务实务经验只是辅助，更需要的是行业资源、视野及洞察力。

扪心自问，真的给你机会操刀一个 IPO 项目，你的既有人际关系中是否有投行、事务所、券商、律所的朋友能够鼎力相助吗?

此外，CFO 要深谙所在赛道及企业的商业逻辑及业务模式，找到与企业战略目标及股东利益契合的投资与融资机会，通过资本、技术、品牌等外部资源整合加速企业发展。

所以任正非说，一个称职的 CFO 应当随时能够接任 CEO。

一名优秀的 CFO，首先你是一名生意人和资本家，其次你才是财务负责人。

与时俱进的民企财务人

不论从经济、技术、政治、政策哪个角度出发，未来国内人才需求的增量将主要来自中国本土企业。

过去的个别民企，财务管理意识淡薄，缺乏财务体系建设，账乱活多，老板还一言堂。

现在的民企，类似问题或多或少依然存在。但任何事物都需要一个发展的过程，我们熟悉的外企不也是经历了农耕时代、工业时代、互联网时代之后，才有了如今大家口中的流程规范、现代化程度高、文化氛围佳、工作舒服加班少吗？

未来的民企，随着企业家的管理意识提升以及管理团队的职业化程度提升，我们会见到越来越多能够超越欧美外资的中国本土企业。同时可以预见，未来将有更多的优秀财务人拥抱发展，投身民企。

根据人才数据库的存量信息，我整理了当下及未来中国财务人才市场中更为青睐的六种民企财务人职业路径模型，献给打怪升级勇攀高峰的优秀财务朋友们！

民企财务人职业路径模型

财务人职业路径模型一			
阶段一 4~6 年事务所工作经验，S2-Mgr1 级别	**阶段二** 3~6 年主流大外资财务分析 / 财务控制经验，做到经理及以上级别	**阶段三** 民企高级经理 / 总监岗位	**阶段四** 民企财务负责人
财务人职业路径模型二			
阶段一 4~6 年事务所工作经验，S2-Mgr1 级别	**阶段二** 3~6 年大型民企财务 BP/ 财务报表 / 内控经验，做到高级经理及以上级别	**阶段三** 民企总监级别岗位	**阶段四** 民企财务负责人

续表

财务人职业路径模型三			
阶段一 6~10 年 500 强或知名大外资财务经验，做到经理级别	阶段二 继续 500 强或知名大外资工作，做到高级经理 / 总监级别	阶段三 民企总监级别岗位	阶段四 民企财务负责人
财务人职业路径模型四			
阶段一 6~10 年 500 强或知名大外资企业财务经验，做到经理级别	阶段二 民企高级经理级别岗位	阶段三 民企总监级别岗位	阶段四 民企财务负责人
财务人职业路径模型五			
阶段一 5~8 年大型民企 / 大厂财务经验，做到 P7（对标阿里）及以上级别	阶段二 民企总监级别岗位	阶段三（可能性） 中小型民企或大型民企财务负责人	阶段四（可能性） 大型民企财务二把手 / 财务负责人
财务人职业路径模型六			
阶段一 四大高级经理 / 总监	阶段二 投行 VP/MD	阶段三 管理咨询高级经理 / 总监	阶段四 民企财务负责人

10.2 发展：曼妙 S 曲线，让你的职业发展走上新高度

一直以来，如何进入财务 BP 这一领域是比较令人困惑的问题。几乎每一位财务 BP 都经过转岗，也经历过许多失败。因此，我想和大家分享如何转岗进入财务 BP 赛道。

要理解这一问题，我们先要理解财务 BP 的职业发展模式。

线性发展模式

过去，财务人的职业发展多是线性的。例如，在我们父辈的年代，许多财务人一生可能只服务一家公司，从出纳到会计，再到会计经理、财务总监，甚至是 CFO。

这种职业发展的特点是：连续，线性，无跳跃。

也就是说，每一步衔接都有着紧密的联系，工作之间的相关性很强，跨职能、跨领域、跨行业的动作较少。

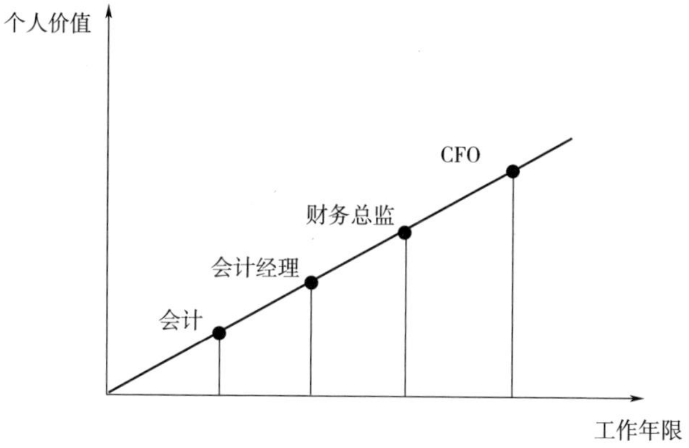

线性发展模式

S 曲线发展模式

如今，职业发展领域出现一种新的 S 理论，这种理论的倡导者包括查尔斯·汉迪的著作《第二曲线：跨越“S 曲线”的二次增长》，以及黄有璨先生的著作《非线性成长》。

S 曲线理论认为，如今的职业发展不再遵循线性成长模式，而是由几条 S 曲线组合而成。每条 S 曲线在到达顶峰之前，可以勇敢地跳入下一条 S 曲线，从而形成更高更强的发展。

在财务 BP 的职业生涯中，就存在着这样的 S 曲线。

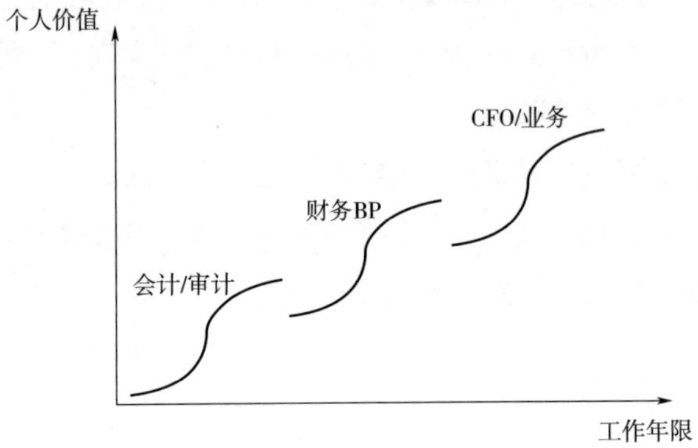

S 曲线发展模式

在这个 S 曲线模式发展中，有四个要点。

① 许多财务 BP 的职业生涯，并不是线性的，也无法线性。因为会计的工作无法线性过渡到财务 BP 的工作。这中间需要经历 S 曲线的一个跳跃。

注意，这个跳跃，是不连贯的。也就是说，在职业过程中，有明显的转型过程。

② 每一条新的 S 曲线的起点，要低于上一条 S 曲线的高点。也就是说，财务 BP 的起点可能比你在会计的时候要低。可能你已经是会计经理了，甚至是高级经理了，但是转入财务 BP 领域后，要降一级，或者经历 1～2 年的学习期。

③ 每一条 S 曲线有一个高点，在临近高点之前，可以勇敢地跳跃到下一条 S 曲线之中。而且这个跳跃，中间是有一条鸿沟的，有可能成功，亦有可能失败。一旦失败，你仍需回到原来的 S 曲线，如果成功，你可以进入新的 S 曲线发展。

④ S 曲线最终目的是提升个人的职业发展高度，带领一个人进入线性发展很难企及的高度和领域。也就是说，S 曲线和传统的线性模式相比，提高了斜率和终点的高度。这成为这一模式最具魅力的地方。

为什么财务 BP 的职业会经历 S 曲线而不是线性发展模式？

大家可以比较下两种模式：

财务 BP 的工作混合了业务、财务以及软实力，这些技能不可能从某一线性模式进行完美承接，因此，它必然存在着一个跳跃过程。

正因为不能线性承接，因此跳入下一曲线后，必然有一个下探的过程。然而，一旦成功进入新的 S 曲线，可以带来快速的职业发展，探索更多领域。

S 曲线的特点：

首先，S 曲线是冒险者的游戏，输赢自负，进退由心。一旦跳跃失败，会有不小的职业成本。所以说 S 曲线的发展模式，可能仅适用于一部分人。因为并不是每个人都喜欢挑战，愿意尝试，能承担失败的结果。

其次，S 曲线需要一个契机，每次进入下一曲线，必须有机缘。例如贵人相助，公司变化等，因为这样的职业变化并不完全是由个人主导的。

最后，S 曲线的根本，由个人动机和认知决定。机会给有准备的人，人不可能赚到自己认知以外的钱。动机越强，越能实现跨越。

S 曲线跳跃的时机选择

如何选择 S 曲线的跳跃时机呢？专家们认为，是在上一条 S 曲线下坡之前，勇敢地跳到新的曲线之上。

黄有璨先生形容一个人在某一领域（或某个 S 曲线）中的进阶路径，如下图所示。

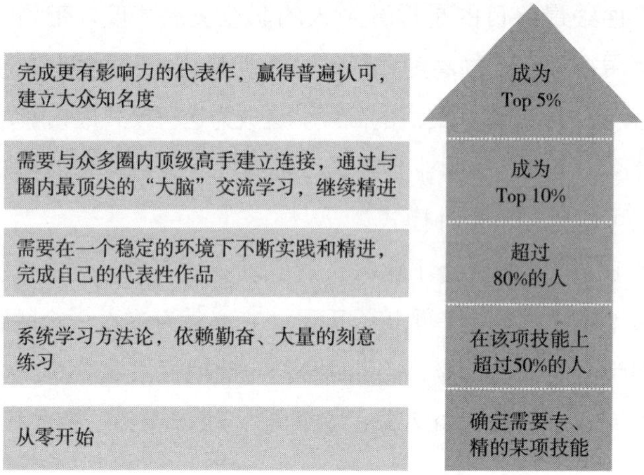

进阶路径（摘自黄有璨《非线性成长》）

在我看来，进入第三层，即超过 80% 的人，就可以考虑进入下一S 曲线了。

然而，人生不是用来规划的，而是走出来的。往往，是某种机缘发生，同时自己也恰巧在第二、第三、第四层附近了，就顺势而为进入到下一条 S 曲线了。

既然每一次转换都是一场巨大的冒险，那我们在转换的过程中，追求的是什么呢？下图可以作为我们的借鉴。

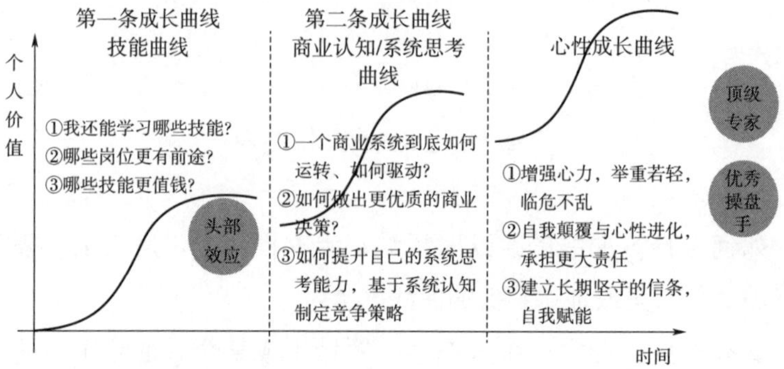

成长曲线（摘自黄有璨《非线性成长》）

我认为，转换并不是在追求一种新的工作内容。也就是说，我并不是追求今天做会计，明天做业务，后天做人事。相反，转化追求的是从技能到商业认知，再到心性成长的人生进阶。

比如说，会计记账是一种技能，但是整体提高企业的利润就需要更深刻的商业操盘力，这种进阶就是新领域的破圈进阶。

仔细想来，财务 BP 区别于传统财务人员，最根本的就是商业操盘力的不同。这一工种突破了传统的财务技能层次，而进入到更高的 S 曲线之中。

由此可见，S 曲线未必表现为一种工作职责和工作内容上的大跳转，也可能表现为一种由技能、逻辑到心性层面的进阶。

认知即结果

实现 S 曲线的跳跃，除了勇气与机遇之外，最底层的逻辑是认知破圈。一个人从固有的圈层中，进入到下一个圈层。而实现破圈的前提，首先是认知的突破。正所谓认知即结果。

那如何提高认知呢？

1. 扩大认知半径

找到认知范围与你不同的，或者认知范围比你大的人或者圈子，不断请教、交流、学习、跟随其工作，扩大自己的认知半径。自己提升之后，再加入更大的圈子，再次扩大自己的认知半径。

这里，我们要找的未必是认知半径比自己大的人，而是认知半径与自己不同的人。

下图中小王（卡通小人）想提高自己的认知，有 A、B、C、D 四个人，哪些人可以帮到他呢？

有人说 A 和 D，因为 A 和 D 的认知圈层比他大。这里 A 很可能是小王的老板，因为可以看到这两个人的认知圈层重合度非常高。

但事实上，B 和 C 也可以帮助小王拓展他的认知，因为他们和小王的认知重合度非常低。这也就是为什么，你进入一个新领域的时候，身边绝大部分人的认知都可以降维打击你，因为你和他们不在同一圈层。

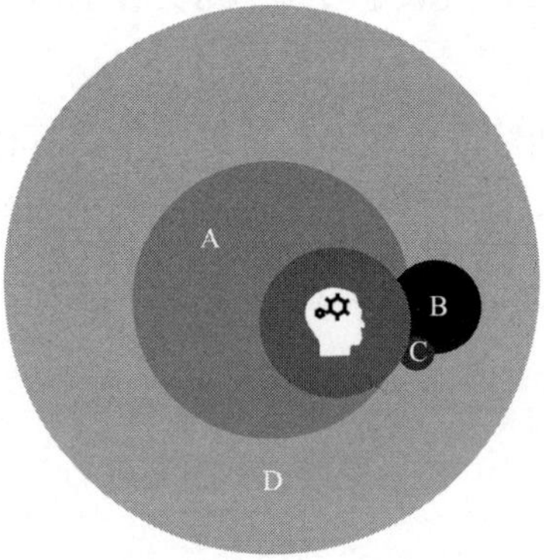

扩大认知半径

有一年，在一个聚会上，我听过一位保洁阿姨分享自己的人生经历和人生信念。虽然过去了很多年，她的分享仍对我影响很大。我想，这位阿姨，可能就是 C，也许她的认知圈层并不一定很大，但是我可以在她身上学到很多东西。

破圈就是要小王从 A 的认知圈层走出去，和 B、C、D 等更多人交流学习。

2. 提高输入输出

通过阅读等输入方式，打开固有的世界；通过输出，提升自己的系统思考能力。

听高质量的采访、看人物传记、经典读物固然可以提升我们的认知，这些都是输入层面的认知提升。

还有一种提升认知和个人系统思考能力的方式，是提高输出。输入对人系统思考力的提升，仅有不到30%，但输出可以达到50%以上。通过输出，整理复盘思路，是有效的思维锻炼。同时，输出与分享会带来人际的破圈，形成双重效应。

3. 经事儿，去闯

拓展自己的生活体验，做想做却不敢做的事，做到知行合一。

我们常常希望自己的人生可以走直线，顺风顺水。

S 曲线告诉我们，人生是起伏的，螺旋上升的。得失之间，不在一时一地，把时间一拉长，认知的高度就会显现出来。

阅读、交友、社群、深造、参会都给了我们破圈的机会。破圈的意义，是认知的提升，而认知就是我们未来决策的基础。

在本节末尾，我想真诚地分享：S 曲线未必适用于每个人。它仅为一种打开视野和探索职业发展的方式。希望大家根据自身情况，谨慎选择使用。

可以确定的是，未来的工作，工种与工种之间的界限愈发模糊。未来单点技能不能满足工作的全部需求，商业认知和操盘力至关重要。财务 BP 需要顺应时代趋势，将财务与商业操盘力结合，带来更大更高的价值。

10.3　入局：四大人、会计人，如何转岗进入 BP 赛道

对职业发展的这一理解，是我们探索如何转岗进入财务 BP 赛道这一话题的基础。接下来，我们一起看几个案例，看看财务 BP 赛道的转型之路。

从四大到财务 BP

小 A，在四大工作的第四年，身心俱疲。她准备离开四大。

在离开四大之前，她和许多同事都了解过，进入企业之后的方向。许多人向她推荐了财务 BP 这个岗位。她觉得，自己性格开朗，喜欢挑战，很想尝试财务 BP 的工作。

出来找工作的时候，见了一些猎头，猎头却告诉她，想找财务 BP 的工作没有那么容易。毕竟，从四大出来的许多人都想找财务 BP 的工作，但是僧多粥少。

她面试了一段时间，一直没有结果。她问我，她还有希望吗？我说，当然，坚持就是胜利。

后来，她坚持投递财务 BP，大概两个多月的时间，她进入了一家互联网公司做财务 BP。她和我说，互联网公司的财务 BP 很有挑战性，可以学到很多东西。但是工作节奏很快，和四大几乎不相上下，而且周末也常常要加班。

我说，是的，要选择这样一条路，就是要有这样的付出。

我问小 A，你转行财务 BP 的经验是什么？她说：

① 深入了解财务 BP 的工作，做好相应的准备。

② 坚持投递，总会有机会。

③ 和工资相比，更关注平台、工作内容和团队。

从会计经理到财务 BP

小 B 的职业经历和小 A 略有不同。他从四大出来之后，进入企业做会计经理。在做会计经理期间，他出色地完成了系统上线，团队扩张等任务，把会计团队带得有声有色。

一转眼三年过去了，小 B 很想做财务 BP 的工作，但是他没有相关的经验。他咨询过猎头，猎头不建议他通过跳槽的方式获取财务 BP 职位。因为财务 BP，是要自己带领一个业务单元的，就是把几亿元、几十亿元的生意教给你打理，如果选一个没有经验的人，风险很高。

猎头建议他，找准时机在公司内部转岗。他和 CFO 聊了自己的想法，老板很支持他，答应他有机会会优先考虑他。同时，他在做会计经理的工作上，积极和业务增加了解和沟通，也给 CEO 留下了不错的印象。他也在团队内部积极培养自己的接班人，一旦自己离开，人才梯队可以跟上。

再后来，有了一个很有挑战性的事业部的 BP 位子空了，但是老板却没有给他。他问老板为什么，老板说，我觉得这个事业部你不合适。当时他很沮丧。但是没过多久，就空出了一个小事业部。老板问他，你要试试吗?

虽然事业部是最小的，但是还是全盘 BP，他欣然应允。转岗过去之后，他做得非常出色，两年过后，又接了更大的事业部。

我问小 B，你的经验是什么？他说：

① 做好本职工作，让 CFO、CEO 看到你的成绩。

② 会计转 BP，内部转岗比外部猎头更有效。

③ 等待，你不知道什么时候会有机会，最黑暗的时候，再坚持一下。

④ 充实自己，考证，读 MBA，让自己变得更优秀。

我不做财务 BP 了

小 C 的职业经历很让人羡慕。

她早年从会计做到会计经理，后来做了财务 BP。但是做了两年之后，小 C 发现，财务 BP 不是她喜欢的领域。

小 C 说，我不喜欢和业务周旋，我更喜欢做一份技术活儿。

她再次申请转岗，回到了会计团队，做了会计高级经理。

无独有偶，小 D 早年做内控，她一直想转去做财务 BP。可是等了很多年，都一直没有遇到这样的机会。后来，终于有了一个全盘财务负责人的机会，可以少量地带一些财务分析的工作。

做了几年之后，小 D 再次回到内控的老本行。她说："我不想做财务 BP 了，内控是我最熟悉的领域，也是发挥最大价值的领域，我这一辈子，就做内控了。"

人生的机遇，没有谁能说得准。有时候，随遇而安更好。

其实，人生的路没有人能按计划走，这才是人生有意思的地方。我先生常说，把握自己可以把握的事，其他的事情顺其自然就好。

10.4　成长：财务 BP 如何做到年薪百万元

有一次，我问一个伙伴你为什么对财务 BP 这个话题感兴趣。她笑着说，因为和会计相比，财务 BP 赚得多。我听后哈哈大笑，这个答案很真实。

然而，这个世界上做任何一件事，都有付出与回报。那些年薪百万的财务 BP，也有着背后不为人所知的艰辛。

晓晨作为多年的招聘顾问，他汇总了民企、外企年薪百万元的财务 BP 的成长路径，在此为伙伴们提供参考。

年薪百万元的外企财务 BP 的成长路径

典型背景（见下表）：

外企财务 BP 的成长路径

2016 年～至今	D 公司 （外资企业）	财务总监
2013 年～2016 年	C 公司 （中大型外资工业 / 消费 / 医疗企业）	高级财务经理
2010 年～2013 年	B 公司 500 强或大型外资工业 / 消费 / 医疗企业	财务经理
2008 年～2010 年	B 公司 500 强或大型外资工业 / 消费 / 医疗企业	高级分析员
2004 年～2008 年	A 公司 （四大会计师事务所）	高级审计师

划重点：

① 以当今 FPA/FBP 人才市场招聘审美来看，职业生涯起步于四大会计师事务所是上上策。四大背景出身的人选经常在职位竞争中领先半个身位。（PS：职业生涯起步于优质外企管培生项目是最佳人选。据不完全统计，优质外企管培生未来成长为财务总监的比例超过 70%）

② 从四大跳槽企业的第一步尤为关键，通常去到 500 强或大型外企是安全系数高且兼具高成长性的选择。此外，近年来民企势头很猛，四大跳去头部民企也正在成为流行趋势。

③ 来到甲方后，尽可能地获得一次及以上的内部升职，如从高级分析员到财务分析经理，或是从经理到高级经理。这样，你的履历会更讨喜且更有说服力。

④职业中前期尽可能先别去业务模式简单或是太安逸的企业。业

务模式的复杂度以及财务分析的深度与难度决定了你的工作价值。“少壮求安逸、老大徒伤悲”的故事比比皆是。

⑤如果你的目标是财务总监，尽早积累带人经验。但分析条线带的人不在于多，在于你带人时积累的领导力与影响力。

⑥如果有幸参与兼并收购或是业务整合项目，将成为你的职业闪光点之一。

⑦财务 BP 的人才市场竞争高度激烈，建议一定程度上保持自身行业背景的一致性和关联性，树立一定的行业经验（夕阳产业除外）。

顺利的话，7~8 年可以做到经理，10~12 年做到高级经理，14~16 年做到财务总监（目前上海市场年薪在 90 万元 ~120 万元居多）。

年薪百万元的民企财务 BP 的成长路径

典型背景（见下表）：

民企财务 BP 的成长路径

2018 年至今	E 公司 （头部互联网或独角兽企业）	财务负责人 （财务一把手）
2016 年 ~2018 年	D 公司 （头部互联网或独角兽企业）	财务总监 （非一把手）
2013 年 ~2016 年	C 公司 （头部互联网或独角兽企业）	高级财务经理 （报表 / 分析 / 投融资）
2010 年 ~2013 年	B 公司 （头部互联网或独角兽企业）	报表专家 / 经理 财务分析专家 / 经理
2006 年 ~2010 年	A 公司 （四大会计师事务所）	审计 / 咨询

民企财务 BP 的成长路径 2

2018 年至今	C 公司 （Pre-IPO 民企 / 已上市公司 / 独角兽公司）	财务负责人 （财务一把手）
2014 年～2018 年	B 公司 （Pre-IPO 民企 / 已上市公司 / 独角兽公司）	财务总监 （非一把手）
2005 年～2014 年	A 公司 （四大会计师事务所）	高级审计经理

民企财务 BP 的成长路径 3

2018 年至今	C 公司 （Pre-IPO 民企 / 已上市公司 / 独角兽公司）	财务负责人 （财务一把手）
2014 年～2018 年	B 公司 （Pre-IPO 民企 / 已上市公司 / 独角兽公司）	财务总监 （非一把手）
2010 年～2014 年	A 公司 （Pre-IPO 民企 / 已上市公司）	高级财务经理→ 财务总监
2002 年～2010 年	若干知名外资企业 （工业 / 消费 / 医疗 / 科技）	专员→财务经理 →高级财务经理

划重点：

① 四大高级审计员或是经理去到民企，大多是从报表或分析模块切入，然后再逐步扩大工作范围。

② 四大高级经理可直接跳去 Pre-IPO 企业（A/B 轮企业居多）担任财务总监或财务负责人。

③ 头部民企的光环效应显著，BAT、TMD、拼多多、华为的人才特别受欢迎，有机会的话先去名企进行锻炼。

④ 外企做到经理或高级经理级别是转型民企的好时机。

⑤ 去到民企后，争取早日接触投融资相关工作。投融资的经验和人际关系是你成功路上的必修课。

⑥ 民营企业家风格鲜明，入职之前请做好心理建设，磨一磨自己的棱角。

⑦互联网赛道中，12～15 年有机会做到财务总监（财务负责人），除开期权、股票外的薪水在 80 万元～120 万元居多。

⑧上市公司的财总们年龄段在 40～48 岁居多，除开股票外的薪水在 120 万元～200 万元居多。

许多年薪百万的财务人除了光鲜优秀的背景外，背后其实是我们看不到的辛勤付出和捕捉机会的能力。

如果你细心观察，应该可以发现，周围那些成功的财务人都是能够顺势而为、迎难而上、不断求知、勇于突破的人。希望你能成为这样的人，最终走向成功。

10.5 自测：测一测自己是哪个级别的财务 BP

在了解了财务 BP 的前途和“钱途”之后，我们把重心转回自身，进一步探索自我发展之路。在探索这个问题之前，请大家先对自己目前的情况做一个自测。

扫码自测财务 BP 胜任力，进入后选择“阅读原文”。

10.6 计划：四步制订可落地的个人发展计划

测试之后，伙伴们目前在第几级呢？如果在第二级，想进阶到第三级要如何突破呢？在“悦财”的公众号中，我们为大家准备了财务 BP 成长进阶书单。在本节中，我将和大家分享如何在工作中制订个人发展计划。

从现状出发

制定发展计划的第一步，是厘清现状和目标。

刚刚的测评结束后，小伙伴李佳的自评（或他评）在二级中级，她把目标定在三级高级（注意，不建议伙伴们跳跃定目标，这样制订的发展计划可能会落空）。通常从一个级别跨越到下一个级别需要 2～5 年的时间，而这其中，从二级中级到三级高级的跨越是最困难，所需时间最长的一次跨越。

确定提升方向

接下来，李佳需要确定自己 2021 年的重点提升方向。大家可以自制模型如下：输入目前自己在每个模块的得分，以及期望的目标。

项　目	当　前	目　标	项　目	当　前	目　标
财务管理	2	3	业务敏锐度	2	3
业绩管理	2	3	角色定位	2	3
筹投资管理	1	3	沟通与向上管理	4	3
风险管理	2	3	团队管理	1	3

李佳根据平衡轮所示的结果，并通过与老板、业务伙伴、职业导师等沟通，确定自己在新年主要的两个发展方向：提升业务敏锐度和财务管理两项内容。

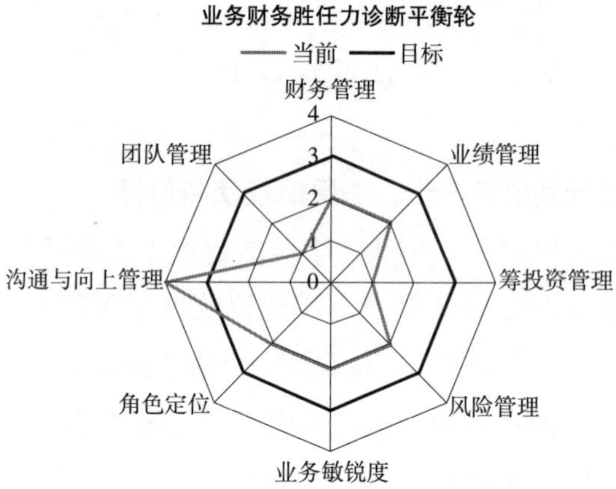

配合老板的计划让自己成功

李佳说，flag 一立就倒，很是伤心。她 2020 年年初的计划是做销售分析报表改进上线，但是上线后业务反馈不积极，很少有人使用。不到半年，flag 就落空了，自己也很受挫。有什么武林秘笈专治 flag 一立就倒这病吗？还真有一个。

让自己的计划跟随老板们的计划，借老板之力，让计划不落空。

具体怎么做呢？可以在制订个人发展计划之前，先制订新年的工作计划。在制订工作计划的时候，了解明年事业部负责人的三个重点项目，有时候甚至陪他一起锁定几个重点项目。与此同时，与自己的财务老板深入沟通，了解他的新年工作计划和重要 KPI。了解老板们的重点工作之后，在财务老板、业务老板的工作计划之下，看看自己能如何贡献赋能。

举个例子，李佳的老板和业务负责人都有一个重要的 KPI 是利润，但是目前部门利润比较低，大家希望通过有效的降本项目（或措施）来提高利润，并进一步锁定市场费用管理。李佳和老板们明晰了组织的需求之后，将市场费用管理项目作为自己新年工作的重点项目进行推进，并主动请缨作为项目负责人。与此同时，她为了更好完成这个工作，还安排相应的学习计划，以及预约老板们 1v1 的项目回顾时间，确保项目顺利进行。

为什么把自己的计划和老板的计划相融合会更有效？因为工作实践的部分，不完全是个人努力的结果，需要组织的资源匹配、团队协作、老板的赋能，集组织之力让工作落地。如果这个项目是老板的重点项目，他必定会投入各种资源，并在财务身后辅导、支持，让项目真正落地。成人达己，融合了组织目标和个人目标之后，不仅业绩有了提升，也丰富了个人的经验与阅历。

运用 7-2-1 法则制订个人发展计划

接下来，可以根据自己的实际情况，根据 7-2-1 法则（70% 通过工作锻炼成长，20% 通过指导与反馈，10% 通过课堂学习）来制订具体的提升计划。李佳的学习发展计划见下表。

李佳个人学习发展计划

项　目	子项目	描　述	工作锻炼	老板、导师	个人学习计划
财务管理	市场费用管理	投放精准有效	升级市场费用报表，下半年开始每个月初做市场项目预测，并对照检查，探索费用进考核 KPI	AA，BB	网站学习，了解市场费用管理最佳实践
业务敏锐度	了解市场模型	市场容量、对手	参与市场模型搭建和对手了解工作	AA，CC	5 个主要对手的细致研究，1～5 月每个月一个

续表

项　目	子项目	描　述	工作锻炼	老板、导师	个人学习计划
财务管理	CPA 考试	会计、税法	新品税务计划项目和老板争取参与一下	网校	4 月前完成第一轮、8 月前完成第二轮、考前冲刺
业务敏锐度	学习战略	初步了解战略	参与战略会和市场会，了解战略会 PPT	DD	华杉讲孙子兵法、波特三部曲

如何将项目拆解至子项目呢？在这里，可以根据工作上的项目计划，转化为个人发展计划的一部分。与此同时，进一步梳理、形成个人的知识能力体系。您在制订计划的时候，在这一步可以结合能力模型，选取自己重点突破的部分。例如李佳针对业务敏锐度，选取了市场—市场模型，以及战略两个部分的知识体系。在这个过程中，李佳逐渐积累形成个人的知识体系，同时结合工作实践经验，为职业进阶打下坚实基础。

在计划里，李佳的每一项个人发展计划，都涵盖了工作、项目内容，老板导师反馈以及个人学习。与此同时，她为计划制订落地方案和时间节点，并找上老板、伙伴监督执行。计划贵精不贵多，把项目做实，反复总结提高，老板也看到结果并给予更多职业发展助力。

10.7　导师：六位 CFO 秘不外传的职场心经

在本书的最后，我们有幸请到了六位资深 CFO，请他们将自己多年的职场经验与伙伴们共享，作为整本书的结尾与升华。

前段时间，和财务部的一位优秀实习生做职业发展谈话，她问，如果她未来想做财务业务伙伴（BP）？什么样的职业路径最好？她本科和硕士学的都是会计，现在正在找工作。面对诸多选择，她说自己很迷茫，想走一条奋斗之路。

财务同行们纷纷帮她出主意。大家一致达成共识，有个“正途”推荐，先去四大做几年审计，然后选择一个不错的行业做财务分析（注意：千万不要选会计），慢慢往上做就行了。为何先去四大？因为四大和企业相比，在初期接触面比较广，学到的也比较快。如果去企业从基础会计做起，那成长太慢了。为何四大出来之后要做财务分析？因为比较直接，不需要走弯路，熟悉以后可以慢慢积累成长。

传说中的职场直通车：四大—财务分析—财务总监

实习生收到了大家的祝福去找工作了。而我却略感迷茫。环顾四周，我试着想想认识的那些财务总监们的职业之路，想了许久也没想到几个是走这条“正途”出身的。相反，他们的人生和职业轨迹五花八门。

有的人做财务之前，是做人事的，还有做 IT 的。有的人在企业里做着财务，就开始“横向发展”，做战略、渠道、业务，甚至总经理，然后又有人回到了财务。有的人是从企业管培生做起，有的是一路做会计，也有人是一路做财务分析，一步步做到了财务总监。也有的人从四大出来做了投资，玩转资本市场之后，又从资本端切回企业端。

每个人的路径，五花八门，不一而足，这无疑对这条职业发展的“正途”是个打击。然而如果正途不存在，我们应该怎样做呢？

我采访了多位财务高管，请他们谈谈自己的职业发展心经，发现他们的心经有许多共通之处。下面将这些心经汇聚成 6 个小故事，与大家分享。

平衡横向与纵向

A 的职业经历相当丰富。他在企业里做了几十年，不仅做过国家 CFO，还做过共享中心、大事业群的业务财务负责人等多个角色。这还不算，他还“不务正业”好多年，做了渠道、战略和一些其他门类的工作。他和他的家人辗转了几大洲几大洋，每隔几年换地点、换角色、给孩子们换学校。他的心经总结下来是：高筑墙、广积粮、缓称王。

老 A 有一套自己的职业发展理论。他说：一个人，能选择的职业方向主要是两种：横着走和竖着走。竖着走就是 10 000 小时定律，在一个领域内深挖。例如：有的报表专家，在报表领域做得极为精深，有几十年的沉淀。他们“高筑墙”，形成了天然的职业壁垒。

横着走，就是不断去积累不同模块。老 A 认为，一个人在一个领域内达到 70% 的熟知度，大概只需要两年时间。而达到 95% 以上的专业，需要超过十年时间。那么他可以把十年时间分成四到五个两三年的时间，去积累不同模块，成为一个跨学科的通才。他说，要敢于跳出传统眼光，尝试不同的领域，丰富自己的人生阅历。“广积粮”的人横向发展，贯通不同领域，对自己和企业都有很高的价值。

最后一个缓称王是什么意思呢？接下来 5 个故事会告诉你答案。

解锁关键能力项

老 B 是一名资深 CFO。他的职业发展思路和老 A 有点像，他的方法很简单：解锁关键能力项。他认为，每个职位都有自己的关键能力项和关键经验。对于团队的同事来说，帮助他们通过各种方式来解锁关键能力项并获得关键经验非常重要。他说，每个人应该有一个关键能力清单，但凡在清单上的，你没有的，就要尽力去尝试。尝试越多，对你的职业发展就越有帮助。是不是说我没有的某个能力项，我就一定要跳出目前的工作去解锁呢？老 B 认为，解锁的方式有很多，例如：

① 通过短中期项目涉猎；

② 把部分团队划到这个人的团队中，增加他的关注度。比如一个专注销售业务的业务财务经理希望解锁研发财务，可以让部分研发财务同事向他汇报；

③ 为他配备相关导师；

④ 请他做他不熟悉领域的下一层同事的导师或教练；

⑤ 在其他同事辞职或休长假期间让培养对象兼职部分他人工作或代管团队，等等。

那么关键能力项是什么呢？这要看目标职位需要哪些能力。这也是我们总结业务财务的十二大能力模块的原因。

往往，人不在其位，不谋其政，不设身处地地进入那个角色中，很难真正明白那个角色的能力项要求是什么？而且，时代在飞速发展，能力项变化很大。比如过去市场部的同事比拼的是线下活动谁办得更好，如何专业地站展台。而现在，新媒体时代之下，写爆文、做运营是市场部的必备技能。如何发展时代需要的，组织和市场需要的能力项是解锁能力项的重要前提。

抓住人生的关键机遇

有人说，一个人每七年会遇到一次重大的人生机遇，能否果断抓住人生的机遇，是实现人生转折或者大踏步前进的重要一环。

相信许多人，都纠结过老板给出的职业选择：有一个国外总部的机会你可以去尝试，但自己的孩子还太小；有一个新开的工厂需要人，但是自己从未做过工厂的工作；有一个非财务的工作机会，总经理推荐你去做，但是自己仍然不想离开财务部门；有一个困难的业务和团队需要人，做好了可以快速晋升，做不好却可能要丢了饭碗。

凡此种种，都在考验个人的定力与果决。诸葛亮如果不是抓住刘备的三顾茅庐，无法名垂青史。蔡崇信本拿着 570 万元的年薪，却要跟着马云拿 500 元工资，其当年眼界和魄力不得不令人惊叹与佩服。是什么帮助我们当机立断抓住机遇呢？

- 深入了解，厘清历史趋势和自己的优势、劣势、能力边界在哪里，为判断机会打牢基础。有时，错过机遇不是自己没判断好，是自己从来不了解这个领域，不知者不谋事也；
- 机会给有准备的人，做好自己等他来；
- 敢于冒险；
- 抓住机遇后，遇到困难百折不挠，坚持做成。

请相信，人生的转折和去向，在你手中。

热爱：每天上班，我都好像上球场

C 君，法国人，事业部负责人。他早年是一个高级财务分析员，短短几年时间，他转岗至销售，成了事业部的负责人。他的下属说，与他共事，彻底改变了对工作的态度和认知。

C 君分享他做高级财务分析员时的工作。那时老板每天让他刷报表，刷好之后发给各个同事。这个工作内容很枯燥。他就偷偷地，花了几个星期的时间，做了一个软件。这个软件可以自动刷报表，自动一键发送。原来每天需要 3 个小时做完的工作，他十分钟就可以搞定了。接下来，他用省下来的时间，继续探索新的领域和乐趣。

他说，他每天来上班就仿佛上了篮球场。他用 70% 的时间去做他感兴趣的工作（当然，对公司也有益），再用 30% 的时间去完成那些无聊的工作和流程。他寻找乐趣，启发乐趣，也鼓励团队在工作中获得人生乐趣。

他的下属说，和他一起工作的几年，大家经常连轴转，周六日也不休息。但即使在高强度的工作下，仍获得了巨大的心流（专注时表现出的状态）。专注地做事所产生的结果有很大的不同，不仅工作产出质量很高，也给团队带来了很多欢乐与正能量。

心流自于热爱，因热爱而专注，因专注而专业。寻根溯源、寻找到热爱，你一定会开启一段快乐又开挂的人生。

适时停留：享受生活中的美好

D 君，是一位女 CFO。她分享了她的人生故事：退一步海阔天空。

一直在企业财务部工作的她业绩相当出色。早年她做资金管理的工作，属于卓越运营（COE）专家团队，一路做到资金管理的一把手。后来她要做一个艰难的选择，是继续一辈子做资金管理呢，还是再进一步做 CFO 全盘管理？她选择了后者。做了 CFO 之后，她依旧顺风顺水。几年之后，她的老板问她：要不要做亚太的 CFO？ 她并没有犹豫，一鼓作气接下了这个担子。

多年之后，回顾亚太 CFO 这段经历，她却有很多新的感悟。她分享说，以前她无须跨时区地飞行、开会。虽然回家晚一些，但是她还是有时间和家人相处。可做了亚太 CFO 之后，她的工资涨了 20%，但是个人的生活却变得一塌糊涂。身体差了，和家人的相处时间少得可怜。她说，如果早点有人告诉她可以停下来，她不会再多往前走这一步。

其实，第一个故事中的 A 君的“缓称王”也是同样的意思。了解自己的心智边界，平衡身体、生活、家人，适时停留，乐享人生。

随遇而安：弯路亦可能是正途

我们经常会遇见这样的情况：和一个高潜同事谈心，推荐她一个新的职业机会（例如从财务分析或者专家团队到管理一个大的会计团队，或者做项目经理），但是她拒绝了，因为不想走弯路。

回想第一个故事（平衡横向与纵向）和第二个故事（解锁重要能力项），职业成长期中要不断解锁重要能力项和不同的业务模块。有时候，老板从他的角度看到了，预备了，但是从同事的角度还未必理解这个能力项的重要程度。有时一些用力的安排和经营，并未起到预期的作用。因为，站在此处，我们并未看到井外的天地。其实，随遇而安也是人生境遇，也是人生智慧。

人生的路慢且长。生于 1955 年的莫言，盛名之下，要做一个晚熟的人。晚熟，是一种智慧，不着急，有期许，给自己光亮，走下去。

10.8 结语：未来十年，财务人向价值创造走去

过去的 20 年，财务的工作发生了翻天覆地的变化。从过去的手工记账，到会计电算化，再到共享中心的布局实施，再到如今的价值创造。未来 10 年，中国财务会有哪些新的方向呢？

1. 变瘦

随着数字化转型的进一步加深，ERP 系统的升级，BI 工具、RPA 技术等不断应用，核算的效率大大提升。另外，随着共享中心的普及以及外包化趋势，许多公司将共享中心移出公司内部，这也大

大减少了财务部的人员。

2. 专注价值创造

财务，从核算的历史洪流中走来，向价值创造走去。

创造什么？创造客户需要的价值。

公司创始人关注现金流。财务人通过多种渠道融资，凭自身资源带资入组，这为公司的存续和发展带来了巨大的价值。

公司管理层关注市值管理。财务人主导上市，参与整个市值管理的方案制定与落地实施，让公司的元老们富起来。

公司关注利润提升。财务人通过业绩管理、利润管理等多种手段，提升公司利润。

公司在变化的市场中不断寻找新的战略方向。财务人在投资并购中冲在一线，丰富产线，构筑企业护城河。

公司的终端客户需要什么，公司的业务需要什么，财务人就在哪里，为客户、为公司创造价值。

这和我们分享的商业本质，殊途同归。坚持长期为客户创造价值，利益终究会回到自己手中。未来，财务人创造的价值会越来越大。

然而这一变化，无论对财务工作者个人，还是对财务组织，都是痛苦的，无助的，也是兴奋的，充满激情的。

我们从舒适圈中不断地跳出来，学习和挑战新的工作，虽遍体鳞伤，却经历了成长。

未来，财务与投行家、投资人之间的概念，财务与业务之间的概念会逐渐模糊。财务 BP 也不会仅仅专注在企业收入、利润的提升，而更多朝着市值管理、综合运营等多方向。我敢说，未来 10 年，财务的变化会比过去 10 年来得更快、更深刻。财务人的收入、能力也将有着更快的提升。

无惧变化，坚持学习，无论我们年岁几何，时代如何变迁，我们都是时代的弄潮儿！

附录：CFO 能力模型

据调查，在我国500强企业或者上市公司的CFO，总人数不足万人，想成为他们的概率大约是万分之三。

仰望金字塔顶端，万千财务人在日复一日的工作中，默默努力着，前进着。

然而，午夜梦回，大家不禁苦苦追问：成为CFO到底需要哪些能力？自己该如何储备这些能力呢？

带着这个问题，我一对一采访了多位万分之一的CFO，并广泛在悦财CFO群汲取了各路高手的内功心法，汇总了CFO的能力模型。

您可以把它作为自我测评的工具，抑或是书单。同时，这份内容也仅为一家之言，并无需对自己苛求。

只要不懈努力，平常人也可做非常事！

遵循着财务BP能力模型的基础框架，我将CFO能力模型界定在财务能力、业务能力和软实力三大板块，见下表。

CFO 能力模型

1. 财务运营

会计：会计准则、灰色地带、共享中心、合同信控、平衡会计服务质量与成本、外部审计管理

业务财务：预算、分析报表、定价、资源配置、成本优化、制度设计

税务与法规：税收筹划、税务优惠、税务合规、股权方案、税所关系、税务反审计

资金管理：银行关系、资金预算、现金流管理、结算、资金池、贷款与授信、外汇、货币资产保值系统、数字化

2. 资本运营

融资：股权融资，债权融资

IPO：上市路径，股东会决议，中介选择，上市标准，申请文件，发行销售，挂牌交易

投资：投资方向、标的、组合管理、尽调、分析谈判、投后管理、兼并融合、退出

3. 团队管理

人事战略规划、招聘、绩效、薪酬、培训发展、高潜培养、员工关系、工作指导

4. 风险管理

业务风险管理

内控审计：内控制度、审批权限、反舞弊、内部审计、有效利用审计职能、流程改进

5. 公司治理

项目人员安排、项目的组织、执行、上线

董事会、监事会的功能与机制，有效设计发挥公司监督和制衡机制，权责体系设计，确保公司底层设计有效性

6. 宏观政策与行业赛道

产业政策

宏观经济，货币走向

世界格局，全球视角

行业走向与趋势、行业新兴技术、公司

资本流向，其他行业的发展方向

商业模式开发、产业模式玩法

互联网与数字化

7. 法务合规

法律及合规风险的识别

风险可能的后果、风险规避措施

公检法机关的沟通、对答、营救

熟知法条：公司法、证券法、合同法、刑法、税法等；个人、家人、团队保护

8. 公司营运

销售、市场、生产、研发、运营、人事、渠道、经销商管理、物流、IT、其他支持部门

9. 战略与市场

对客户需求的敏锐洞察

产品组合、定价、渠道、市场活动

市场拓展、市场份额争夺、触达客户

业务战略、产品战略、组合战略

竞争优势、平衡风险收益、风险管理

数字意识：通过数字分析甄别机会

10. 组织设计与人才

吸引优秀人才，组织设计，人才梯队，高潜管理，培训发展、教练、CFO 自我发展

11. 企业家精神

创造力：敏锐的商业知觉，敢于创新，敢于挑战，躬身入局

胆识：不拘于过去的经验，敢于冒险

坚持：长期主义，坚忍

责任：使命驱动，保持初心，快速成长

道德：灵活且保持原则、道德

艰难决策：承认失败，当断则断；勤奋

12. 人际关系

内部：向上管理，跨部门沟通，下属资源

政府：政府、公检法、税务、银行

行业：业务及财务同行、投资人，创始人

专业机构：投行券商、律师、会计师、猎头

13. 社会经验与学习力

丰富的社会经验：对社会各阶层深刻的洞察、目标导向、脸皮厚、谦逊、自知

心理素质：坚忍、同理心、优秀的心理素质、适时进退、情境适应性

学习力：学习目标清晰，强输入、强输出，形成个人体系并熟练运用于实战

14. 政治能力

政治敏感、有效平衡、洞悉本质、懂人

结盟、站队、控制、妥协、信任、度时

扳倒对手，善用资源、经历失败，东山再起

15. 丰盛的人生状态

保持体力、活力、自我调节、快乐

01 财务能力

在财务能力上，业内 CFO 主要分为两大流派。一派，是实务派，擅长公司财务运营。另一派，是资本派，擅长资本运营。其中，实务派的 CFO，多为企业财务和四大会计师事务所出身。资本派的 CFO，多为投行、四大会计师事务所或企业财务出身。

在该模型中，我们汇总财务运营与资本运营的内容；并且结合日常财务工作，汇总了五大能力（见 CFO 能力模型表 1～5，），分别为财务运营、资本运营、团队管理、风险管理以及项目管理。下面重点解读其中的两项。

1. 财务运营

财务人员要不断朝着对企业增值的方向前进。财务 BP 可以从营运管理上对企业增值，资本运营可以从企业估值、资金退出等方面为企业增值。

2. 资本运营

从投融资角度来看，目前民企的融资需求极强，是管理层最为关注的生死线。CFO 在投融资方面，发挥着重要的作用。

企业发展的两个战略	**上楼梯战略：**	**上电梯战略：**
	产品运营 凭自身积累发展壮大	资本运营 借资产并购迅速扩张

注：摘自房西苑先生著作《资本的游戏》

鉴于资本运作对企业的重要性，CFO 的工作价值也被市场大大认可。仅做财务运营的 CFO 较难快速达到财富自由，但是做资本运营的 CFO 其财富自由的可能性和速度要快得多。目前，大多数国内外企接触资本运营的机会不多，民企相对较多。

02 业务能力

CFO，首先是一个生意人，其次是一位财务负责人。

任何一名 CFO，都需要有敏锐的商业洞察力，并能与管理团队一同把握生意航向。一个 CFO，真正的硬实力是对生意方向、产业方向的准确判断。这需要多年的沉淀与累积。

在业务能力部分，我们汇总了五项能力（见 CFO 能力模型表 6～10）宏观政策与行业赛道、法务合规、战略与市场、公司运营、组织发展与人才。

下面重点讲解其中的两项。

1. 宏观政策与行业赛道

创始人找人、找钱、找方向，CFO 也需要此等心力。可以多参加行业大会、投资者峰会、路演，并积极关注产业投资方向。在中长期的产品布局、投资布局上为公司拔得头筹。

2. 法务合规

财务一把手和二把手最大的区别在于其签字背后的法律风险。在悦财 CFO 群中，法务合规话题，几乎占据了讨论内容的三分之一。足见 CFO 群体，对这一话题的关切程度。

建议大家多学习多阅读，并多积累 CFO、律师等人际关系资源，在重要时刻，可以快速形成有效判断。

03 软实力

当你遇见一个 CFO，你会被他的磁场所吸引：儒雅、犀利、敏锐、精力充沛。这些背后，蕴藏着诸多软实力。

在软实力部分，我们汇总了五大能力（见 CFO 能力模型表 11～15）企业家精神、人际关系、社会经验与学习力、政治能力以及保持丰盛的人生状态。

下面重点解读其中的三项。

1. 企业家精神

创始人都是拥有企业家精神的、大无畏的创造者。作为同行人，CFO 是否能有同样的心力和意识，成为能否同行的关键因素之一。

精神上的同频，才能共同做出顶级的商业决策。

2. 人际关系

在采访 CFO 的过程中，每一个人都提到了人际关系的重要性。新时代以高效方式积累人际关系相当重要。商学院、私董会、高端圈子、高端群都是重要的途径。

新时代积累人际关系的方式和过去大有不同。百万投资积累的 EMBA 圈子，有时候可能几个高端热闹的群也能有类似的作用。财务人，可以在财务圈、业务圈、投资圈等多圈层积累人际关系，为个人和公司助力。人际关系的核心，是为对方提供价值。

3. 丰盛的人生状态

在工作上耗尽心力，并非 CFO 工作的目的，也绝非精彩人生的终极目标。

不随命运浮沉，不惧忧患苦楚。任何时候，活出自己的境界，无论做什么职位，赚钱与否，已然足够。

人无完人，能真正达到登峰造极实力的人毕竟是极少数。绝大多数人，都无法在如此众多的领域内，完成全部的精进。

愿财务伙伴在通往自己职业道路和人生追求的路上，以平常心努力，收获精彩人生！

后　记

从悦财开办（2020 年 9 月 13 日）到此书封笔，不过短短 9 个月的时间。9 个月前，我从未想过，自己会出一本书，这不在我的人生清单之内。

而这本书，却写得异常顺利。集中写书的这段日子，正值上海的绣球花开放，我常常早起骑车去陆家嘴滨江观赏绣球花，回家后奋笔疾书，一日写个三五千字。晚上，女儿在写作业，我一边陪她，一边写稿，不时地帮她默写单词，检查作业。这段日子，成为几年职业生涯中，最惬意的一段时光。

这一年来，我对 BP 的认识有了大幅度的提升。

第一次提升，是我发现自己所学所写竟有许多人喜欢。我一直以为，我是个财务搬砖人。没想到，透过我的文字分享，许多人看到了更多的人生可能。

常常有人通过公众号的微信加我，只是为了告诉我，他们喜欢我，并鼓励我继续坚持初心，写好的文章。每每看到这样的陌生人，都让我甚为感动。

第二次提升是发现外企与民企如此不同。过去，我一直在外企工作。当我走入民企，和许多财务 BP、CFO、创始人对谈的时候，我才发现，问题远比我想象得要复杂得多。

有人问我："我该如何和董事长说要加 BP 岗？没有做共享中心的财务团队，可以做 BP 吗？如何从 0 到 1 搭建财务 BP 体系？如何转岗获得财务 BP 职位？"

每一次当我接到不同 CFO 的咨询后，我会通过我的人际关系网络（感谢悦财，让我认识了许多优秀的 CFO，并能和他们常常沟通交流）请教更多的 CFO 和各行业专家，了解他们过往的成功与失败的经历，再将萃取后的经验与大家分享。这个过程，让我真正接触了 BP 的实情。

第三次提升，是我发现过往我对财务 BP 的认知太狭隘了。

有一次，我和一位投资人喝咖啡闲聊，我们聊到了悦财和财务 BP。他对我说："冯总，不瞒您说，我觉得您在悦财中分享的财务 BP 过于狭隘了。"

我赶忙请教说："您觉得财务 BP 应该是怎样的？"

他说："我不仅是个投资人，也是一个投行家。在我看来，中国的许多财总的工作，非常财务。他们做上市，就是做上市；做并购，就是做并购。但是当我们一起讨论公司的商业模式、市值管理等问题的时候，财总就彻底不参与了。但事实上，这应该是财总主导的领域才对。"

他说："中国财总的工作，创造的价值有限，离真正的价值创造还有很长的路要走。而你们宣扬的，是有限中的有限，没有把价值创造放到更广阔的世界中去。"

我沉思良久，非常认同。

财务 BP，不应该仅是提升企业的收入利润，平衡风险，那仿佛走楼梯。真正的财务 BP，应该既会走楼梯，又会坐电梯，通过资本、市场等手段，提高企业价值，为社会造福。

在探索中国的财务 BP 转型之路的过程中，我们一直在雾中行走，还在探索的早期阶段。坦率说，我不认为中国的财务 BP 转型之路会一蹴而就。这个历程，可能会经历 10 年、20 年，甚至更久。财务 BP 组织转型从 0 到 1 的最佳实践，至今在中国还没有很好的标杆和快速复制的方法。

这也就是为什么，我想写这本书的原因。这本书最初的书名叫作“财务BP：理论、实践与探索之路”。作为中国财务BP领域抛砖引玉的书，我们所知太少，要探索的路很长。但无论如何，财务BP这一话题，经过这一年的分享与宣传，已经被更多人所认识，所熟知，我相信这一话题的生命力，会延续几十年，甚至更长的时间。

我希望，我可以在未来的5年、10年间继续与全国和全世界的同行一起探索财务BP的发展之路，分享更多更新的理论与实践。如果您有好的实践，欢迎加我的微信（微信号：ruoshiqingtian777）与我取得联系，衷心希望可以与我国广大一线的财务工作者们做更广泛、更深入的探讨与交流，一同推动我国财务BP事业的发展。

希望有一日，我们的研究和分享可以冲出中国，走向世界。世界各国的财务人，都可以翻译我们中国人的理论与实践文章。在这一领域，中国人可以走在世界的前列！

读者意见反馈表

亲爱的读者：

感谢您对中国铁道出版社有限公司的支持，您的建议是我们不断改进工作的信息来源，您的需求是我们不断开拓创新的基础。为了更好地服务读者，出版更多的精品图书，希望您能在百忙之中抽出时间填写这份意见反馈表发给我们。随书纸制表格请在填好后剪下寄到：北京市西城区右安门西街8号中国铁道出版社有限公司大众出版中心 王佩 收（邮编：100054）。此外，读者也可以直接通过电子邮件把意见反馈给我们，E-mail地址是：505733396@qq.com。我们将选出意见中肯的热心读者，赠送本社的其他图书作为奖励。同时，我们将充分考虑您的意见和建议，并尽可能地给您满意的答复。谢谢！

所购书名：______________________

个人资料：

姓名：__________ 性别：__________ 年龄：__________ 文化程度：__________

职业：__________ 电话：__________ E-mail：__________

通信地址：______________________ 邮编：__________

您是如何得知本书的：

□书店宣传 □网络宣传 □展会促销 □出版社图书目录 □老师指定 □杂志、报纸等的介绍 □别人推荐

□其他（请指明）______________________

您从何处得到本书的：

□书店 □邮购 □商场、超市等卖场 □图书销售的网站 □培训学校 □其他

影响您购买本书的因素（可多选）：

□内容实用 □价格合理 □装帧设计精美 □带多媒体教学光盘 □优惠促销 □书评广告 □出版社知名度

□作者名气 □工作、生活和学习的需要 □其他

您对本书封面设计的满意程度：

□很满意 □比较满意 □一般 □不满意 □改进建议

您对本书的总体满意程度：

从文字的角度 □很满意 □比较满意 □一般 □不满意

从技术的角度 □很满意 □比较满意 □一般 □不满意

您希望书中图的比例是多少：

□少量的图片辅以大量的文字 □图文比例相当 □大量的图片辅以少量的文字

您希望本书的定价是多少：

本书最令您满意的是：

1.

2.

您在使用本书时遇到哪些困难：

1.

2.

您希望本书在哪些方面进行改进：

1.

2.

您需要购买哪些方面的图书？对我社现有图书有什么好的建议？

您更喜欢阅读哪些类型和层次的书籍（可多选）？

□入门类 □精通类 □综合类 □问答类 □图解类 □查询手册类

您在学习计算机的过程中有什么困难？

您的其他要求：